Wolfgang Eitler / Manfred Hummel (Hrsg.)

DYNASTIEN

Alte Familien in Bayern
aus Adel, Bürgertum und Handwerk

SüdOst Verlag · Süddeutsche Zeitung

Dieses Buch basiert auf einer Artikelserie der Süddeutschen Zeitung.

ISBN 3-89682-079-6
www.suedost-verlag.de
©2004 Südost Verlag GmbH, Waldkirchen

Gestaltung und Satz: DTP-Grafik Kerstin Hauke, 94113 Tiefenbach

Inhalt

Vorwort

Die Philosophen denken seit Jahrhunderten darüber nach, ob die Geschichte der Menschheit einen tieferen Sinn hat. Nun, zu einem klaren Ergebnis sind die großen Denker noch nicht gekommen. Allerdings lässt sich die Frage auf einer etwas bescheideneren Ebene des Lebens ziemlich eindeutig beantworten: Dass die Regensburgerin Luise Händlmaier aus der finanziellen Not heraus diesen süß-scharfen Senf erfunden hat, ist ein wahrer Segen. Und dass ihre Nachkommen diese Tradition pflegen, erscheint außerordentlich begrüßenswert. Denn was wäre die Weißwurst ohne die Händlmaier-Produkte? „Ein Senf wie Bayern" heißt die Geschichte von Rolf Thym über die Händlmaiers, die im wahrsten Sinn des Wortes eine bayerische Dynastie darstellen. Eben eine Familie, die mit ihren Ideen und Werken das Land der Bayern – in dem Fall die kulinarische Seite – entscheidend geprägt haben.

In 21 Reportagen erzählen Autoren der *Süddeutschen Zeitung* von Dynastien, die das Werk ihrer Vorfahren fortführen oder bewahren. Der Titel ist nicht auf Adelsfamilien beschränkt, also auf die Erbgrafen Castell zu Castell oder die Nachkommen des Grafen Montgelas, des ersten großen Erneuerers Bayerns Anfang des 19. Jahrhunderts. Auch die Bauernfamilie Potzel aus Franken stellt mit Sicherheit eine Dynastie dar, denn seit 21 Generationen bewirtschaftet sie den Hof in Unterkonnersreuth.

In den Geschichten geht es also nicht um Macht und Intrigen wie in der amerikanischen Serie „Dynasty" (Denver-Clan), sondern um die Faszination der Enkel und Urenkel für Tradition. Eine Faszination, die eben vom Senf über den Bleistift („Luxus des Einfachen") bis zum Theaterspiel reicht, mit der die Stückls seit Generationen die Passion in Oberammergau entscheidend prägen.

Rudolf-Konrad Graf von Montgelas sagt, er habe das Taktieren von „meinem Minister" geerbt. Sein Ur-Ur-Ur-Großvater Maximilian wurde schon während seines Studiums in Straßburg sehr von den Idealen der französischen Aufklärung geprägt. Er nutzte die kurze Regierungszeit Napoleons, um den bayerischen Staat zu vergrößern und zu modernisieren: Das Adelsmonopol für höhere Stellungen im Staat wurde gebrochen, die Justiz und das Bildungssystem reformiert und Religions-, Gewissens- und Pressefreiheit garantiert.

Ein Leben für den Ur-Ur-Ur-Großvater

„Gummistiefel-Graf" Rudolf-Konrad von Montgelas schlug einen Kabinettsposten aus –
er hütet lieber das Schloss seines Vorfahren Maximilian

Von Martin Zips

Egglkofen – Wenn Kinder ganz der Vater sind, dann muss das kein Kompliment sein. Wenn Ehefrauen schon wie die Mutter reden, schon gleich gar nicht. Und wenn Männer stolz auf ihre Ur-Ur-Ur-Großväter sind, dann fragt man sich: Wie kommen die denn darauf?

Rudolf-Konrad Graf von Montgelas ist mächtig stolz auf seinen Ur-Ur-Ur-Großvater Maximilian. Am frühen Nachmittag sitzt er im Wohnzimmer des Schlosses, das sein Urahne vor rund 200 Jahren in Egglkofen gekauft hat. „Ich fühle mich derart der Tradition verpflichtet, dass ich hier von früh bis spät renovieren lasse", sagt er. Tatsächlich sind gerade mal wieder die Handwerker im Haus, Staub liegt auf dem Inventar. Das Schloss, der Park – all das kostet viel Geld. Rudolf-Konrad, den sie hier auch den „Gummistiefel-Grafen" nennen, verdient es mit seiner Wild- und Geflügelzucht (frisches Fleisch von Reh und Hirsch, Hühnereier mit grüner Schale, Wachteleier roh, gekocht, gefärbt). Der Graf öffnet eine Flasche Wein. Ein Fuchsfell liegt auf der roten Ledercouch. Überall ticken alte Uhren. „Uhren des Ministers", betont der 1939 geborene Schlossherr in Anzug, Krawatte und Stiefeln.

Ab und zu klingelt das Telefon im Gang. Unter dem Bücherbord mit den sehr alten Macchiavelli-Bänden. Fast immer kommt der Graf zu spät. „Ich schmeiß den Kasten zum Fenster raus", ruft er. 21, 22, 23 – so lange hallt seine Stimme durch die Räume. Da geht noch einmal sein Temperament mit ihm durch. So wie damals, als er aus dem Fenster sprang. Als Kind, mit einem aufgespannten Regenschirm in der Hand. Rudolf-Konrad wollte Fallschirmspringer spielen und stürzte ab. Acht, neun Meter tief. Ein französischer Kriegsgefangener fing ihn auf und brach sich dabei die Arme. Ein Marmortäfelchen an der Hauswand erinnert an den Absturz. Der Herrgott habe ihm damals das Leben gerettet, sagt Graf Montgelas. 1969 wurde er von seinem Onkel, dem kinderlosen Grafen Emmanuel und Ur-Ur-Enkel des berühmten Ministers, adoptiert.

Auf der Ledercouch schenkt er sich jetzt ein weiteres Glas Wein ein, zündet eine Zigarette an. Mit durchdringender Stimme liest er seinem Gegenüber ein vier Seiten langes, sehr eng bedrucktes Manuskript vor: „Montgelas' Bedeutung". Eine überaus detaillierte Würdigung anerkannter Historiker. Der Ausbau der bayerischen Bibliotheken, die Bauernbefreiung, der Reichsdeputationshauptschluss, die Pockenimpfung – all das sind Verdienste des Ministers. Seines Ministers.

Rudolf-Konrad meint, es gebe gute Gründe, stolz auf seinen Urahnen zu sein. Schließlich gilt Maximilian Graf von Montgelas noch heute als einer der bedeutendsten Politiker Bayerns. Der Berater von König Max I. Joseph bastelte einst aus rund 300 verschiedenen politischen Gebilden den Freistaat, fast so, wie man ihn heute kennt. Den französischen Aufklärungsidealen verpflichtet, setzte er sich als Außen-, später auch Innen- und Finanz-

Der Siegelring des Grafen Montgelas an der Hand des Ur-Ur-Ur-Enkels.

minister für Religions-, Gewissens- und Pressefreiheit ein, reformierte Verwaltungs- und Bildungsstrukturen – gleichzeitig entmachtete er Klöster- und Kirchenfürsten. Geschickt paktierte er mit denen, die er zur Umsetzung seiner Ziele brauchte. Heute sind Plätze nach ihm benannt, Straßen und eine Gesellschaft für deutsch-französische Beziehungen. Das alles reicht noch lange nicht, meint Rudolf-Konrad von Montgelas im Wohnzimmer seines altehrwürdigen Schlosses.

Immer wieder, erklärt der Graf mit blitzend blauen Augen, immer wieder werde er von Amtsträgern auf die „herausragenden Leistungen" seines Vorfahren angespro-

200 Jahre Säkularisation in Bayern. Rudolf-Konrad Graf Montgelas und sein Urahn Graf Montgelas, der bayerische Geschichte schrieb.

chen. „Ja", sagt er dann, „benennen Sie doch mal einen Platz nach ihm! Aber nicht im Glasscherben-Viertel. Machen Sie halt eine Ausstellung und bauen ihm ein Denkmal. Aber rapido! Schließlich steht seine Büste schon lange in der Ruhmeshalle." Als sie da rein kam, so Mitte der siebziger Jahre, veröffentlichte die *SZ* einen

empörten Leserbrief. Ein Münchner Anwalt schrieb: „Die Regierung Montgelas vernichtete 1803 alle Klöster und überließ die alten und kranken Patres der Verelendung. So verhielten sich nicht die Türken bei der Besetzung des Balkans." Liest man dem „Gummistiefel-Grafen" diese Zeilen vor, so haut er mit der geballten

Faust auf den Tisch. Peng. Er haut so heftig, dass die Kandiswürfel aus dem Schälchen hüpfen. „Geschichtsunkundige Analphabeten! Ich kann das nicht mehr hören!" Ähnlich sauer wird er, wenn er an „Biogas und Hackschnitzel" denkt. Weil die nämlich von der Bayerischen Staatsregierung „viel zu wenig gefördert" werden. Und er hat tolle Ideen, was man mit Biogas und Hackschnitzeln so alles machen kann. Graf Rudolf-Konrad kann sich schnell erregen. Zum Beispiel, wenn er daran denkt, „dass die Enkel der kommunistischen Mordbuben wieder in deutschen Landesregierungen sitzen". Damit meint er die PDS. Sauer stoßen dem Grafen auch die „roten Medien" auf, die sich von ihm zwar zum Wild-Essen einladen lassen, aber anschließend böse Artikel schreiben. „So Leute streiche ich sofort von meiner Liste. Die sind unverschämt." Genauso unverschämt wie dieser Egglkofener Pfarrer, der ihm vor vielen Jahren einmal das ewige Licht aus der Hauskapelle geklaut hat, als er auf Reisen war. Hauskapellen, sagte der Pfarrer, dürfen kein ewiges Licht haben. Jetzt hängt das Allerheiligste wieder an seinem Platz. Dafür hat der Hausherr selbst gesorgt.

Die Hauskapelle. Er nennt sie „mein Austragshäuserl". Wie schon seine Vorfahren, liest er hier jeden Morgen und jeden Abend Gebete. Mit einer Brille, die nur für diesen Zweck neben Harmonium und Weihrauchfass liegt. Wenn er an „meinen Herrgott" denkt, „der mir alles verzeiht", wird der in zweiter Ehe lebende Graf ganz glücklich. Fast so glücklich, wie wenn er noch einmal den Brief liest, den ihm der Ministerpräsident zum 60. Geburtstag vor zwei Jahren schrieb. Dort dankte er ihm für seinen „rastlosen, umseitigen Einsatz für das Erbe bayerischer Geschichte". Solche Lobeshymnen könnte man freilich auch auf andere Mitglieder der Familie Montgelas von Egglkofen singen. Zu ihnen gehörten und gehören Diplomaten, Kapitäne, Literaten, Söhne des 20.

Juli. Doch allein Rudolf-Konrad war es, dem ein bayerischer Ministerpräsident, sein Jagdfreund Franz Josef Strauß, einen Platz im Kabinett anbot. Er lehnte dankend ab. „Das hätte mich zu sehr aufgerieben."

Urahne, Großvater, Vater und Kind. Gibt es Gemeinsamkeiten zwischen dem „Gummistiefel-Grafen" und dem Minister, über den seine Frau einst gesagt haben soll: „Als Außenminister war er exzellent, als Finanzminister gehört er gehenkt"? Hat er seine Nase, spricht er wie sein Urahn? Dem historischen Ölgemälde im ersten Stock nach – eher nicht. Der Abgebildete in einem Rahmen, der noch immer Blessuren aus dem Zweiten Weltkrieg aufweist, ist Perückenträger und von eher schmächtiger Statur. Hingegen ist der leibhaftige Rudolf-Konrad ein kräftiger Mann, rein optisch eine Mischung aus Schalck-Golodkowski und Franz Josef Strauß.

Das Impulsive, das Taktieren, meint der Adoptivsohn, habe er sehr wohl von „meinem Minister" geerbt. Mit solchen politischen Genen ausgerüstet, führe er gelegentlich mit Umwelt- und Landwirtschaftsministern Geheimverhandlungen, sagt er. (Da hab ich meinem Mitarbeiter gesagt, bring das Bier zurück an den Tresen, der Trittin braucht doch eine gescheite Schaumkrone.) So tritt er für die Belange des „Landesverbandes für Landwirtschaftliche Wildhaltung" ein, dessen Vorsitzender er ist. Nach Gutsherrenart macht er Delegierte auch mal mit einer Flasche Haselnuss-Brand aus der Destillerie seiner Frau Ernestine glücklich. Und Max Streibl bahnte er einst mit üppigen Geschenken an bedeutende Sowjets den Weg ins rote Moskau. Gegenleistungen? Sicher, die gab es. Welche? Das sagt der Schlossherr nicht. Merke: Sein Hauswappen zeigt Greif und Granatapfel zugleich. Das Leben ist ein Geben und Nehmen, do ut des, eine Hand wäscht die andere, und so weiter. So wurde schon früher in Bayern Politik gemacht. Und heute ist das nicht viel anders.

Fotos: Günter R. Müller

Der Senf war ihr Schicksal

Wie die Metzgersgattin Luise Händlmaier mit Rezepten ihrer Mutter
ein symbolträchtiges Unternehmen gründete

Von Rolf Thym

Regensburg – Der Regensburger Metzgermeister Fritz-Josef Händlmaier hatte eine große Leidenschaft, die ihn das Leben kostete. Er liebte die Pferdezucht und das Pferderennen, und als eines seiner Rösser auf der Rennbahn in Straubing gewann, da regte ihn die Freude derart auf, dass ihn an Ort und Stelle der Herzinfarkt dahin raffte. So schnell zu sterben im Moment großer Freude, das muss ein glückliches Ende gewesen sein für den Metzger, auch wenn er nur 47 Jahre alt geworden war. Sein plötzlicher Tod auf der Rennbahn im Jahr 1955 war – bei allem familiären Unglück – ein sehr wesentlicher Grund dafür, dass der Name Händlmaier heute für eine Speisenverfeinerung steht, die es überall in Regensburg und vielerorts in Bayern zu kaufen gibt, aber auch im berühmten Berliner Kaufhaus des Westens, in Spezialitätengeschäften in Frankreich, auf Mallorca und den Kanaren, in Österreich, der Schweiz und in Südtirol, in den USA, Japan und vereinzelt auch in Kanada.

Es ist Senf. Lieblich süß oder süß-pikant, rassig scharf oder, das ist eine neue Kreation, mit dem milden

Aroma des Honigs. Manchen Bayern, die es ins Ausland verschlagen hat, kann man kaum eine größere Freude bereiten, als ihnen den süßen Hausmachersenf, die Urschöpfung des Hauses Händlmaier, mitzubringen. Der schmeckt so wunderbar nach all den Erinnerungen an die ferne Heimat und macht den Exilbayern wässrige Augen. Am Ende sehen sie gar nicht mehr, dass die Weißwürste aus der Dose sind und das Weißbier auch. Hauptsache Händlmaier.

Schon seltsam, wie ein Senf wirkt, wenn ein Kultobjekt aus ihm geworden ist. All das hat sich Luise Händlmaier nicht träumen lassen, damals, als ihr Mann auf der Straubinger Rennbahn gestorben war und sie da saß mit den sechs Metzgerei-Filialen in Regensburg. Von einer gibt es noch ein altes Foto aus den dreißiger Jahren: Da hängen pralle Würste im Naturdarm an blitzenden Haken, in der verglasten Auslage wieder Würste und ein paar große Stücke Schweinefleisch – und hinter einem Strauß mit Zierfarn stehen ein paar Gläser Senf. Der wurde damals in jeder Regensburger Metzgerei noch selbst gemacht, als Dienstleistung an den Kunden, die zu ihren

Im eigenen Metzgerladen haben Luise Händlmaier (links) und ihre Mutter Johanna (Mitte) ihren Senf verkauft.

Würstln auch gleich den Senf bekamen. Nebenan beim Bäcker gab's die Semmeln.

Die Metzgersgattin Johanna Händlmaier – die Urgroßmutter des heutigen Geschäftsführers – hatte um das Jahr 1910 die Rezeptur für den süßen Senf gemixt und die genaue Zusammenstellung der Zutaten nur an ihre Tochter Luise weitergegeben. Nachdem Luise Händlmaier den Mann verloren hatte, wurde ihr die

Arbeit mit den sechs Metzgerei-Filialen zu viel. Am 1. Oktober 1963 gab sie in der Lokalzeitung eine große Annonce auf: „Auf Grund der bei mir gegebenen Umstände und weil ich glaube, damit auch für meine treuen Kunden eine gute Lösung gefunden zu haben", übergab sie ihre Metzgereien dem Kollegen Ostermeier.

Der hatte nur noch eine Bitte: Ob die Frau Händlmaier denn weiter den Senf machen könne? Gegen Bezahlung,

Die Tochter Christa Aumer hat die Geschäftsführung allein ihrem Sohn Franz Wunderlich überlassen, der das Familienunternehmen in der dritten Generation leitet.

natürlich. So wurde aus der verwitweten Metzgersgattin eine Senffabrikantin. Das wäre ihr, so meinen die Händlmaier-Erben heute, mit Sicherheit nicht eingefallen, wenn ihr Mann nicht vorzeitig gestorben wäre. Irgendwann wäre die Senfproduktion eingestellt und Senf eben zugekauft worden. Wäre, wäre – war aber nicht.

In ganz kleinem Stil machte sich Luise Händlmaier an die Herstellung und den Vertrieb ihres Senfs. Sie bat Resi Lorbert, eine treue Angestellte, ihr zu helfen beim Zermahlen der Senfkörner, beim Mischen mit Branntweinessig, beim Würzen mit geheim gehaltenen Zutaten, beim Aufkochen und dem ständigen Umrühren und beim mühseligen Abfüllen in Gläser. Die Frau Lorbert blieb 40 Jahre lang die gute Seele im Hause Händlmaier. Die Fabrik war anfangs nichts als ein paar Räume in der Gesandtenstraße, mitten in der Regensburger Altstadt. Da standen große Edelstahltöpfe auf kniehohen Gaskochern, daneben Plastikbottiche, in denen die Senfmasse acht Tage lang zu ruhen hatte. In einem Opel Kapitän fuhr Luise Händlmaier den Senf aus, dem sie ihren Namen gegeben hatte. In einem Geschäftsbuch hielt sie peinlich genau die Umsätze fest: 1963 waren es 3980,80 Mark, 1964 dann schon 106 419,20 Mark und 1970 immerhin stolze 409 668 Mark und 60 Pfennige – viel Geld in der damaligen Zeit, auch wenn es nur der Umsatz war.

Und heute? Knappe 12,5 Millionen Euro Jahresumsatz macht die Luise Händlmaier GmbH & Co. KG. Der Betrieb ist 1992 von der Regensburger Innenstadt ins Gewerbegebiet Haslbach am nördlichen Stadtrand umgezogen, hat 30 Beschäftigte und einen noch jungen Chef: Franz Wunderlich, Jahrgang 1965, und Enkel der 1982 gestorbenen Senfmacherin Luise Händlmaier, leitet seit dem Ausscheiden seiner Mutter Christa Aumer im Januar 2003 das Unternehmen allein.

Durch familiäre Schicksale haben Mutter und Sohn unterschiedliche Familiennamen – aber im Herzen sind sie beide doch Händlmaiers geblieben. Christa Aumer, die sich aus dem Geschäft zurückgezogen hat, erinnert sich noch gut, wie das damals war, als ihre Mutter Luise nach dem Verkauf des Metzgereibetriebs mit der Senfproduktion loslegte. Anfangs sei das für ihre Mutter „ein Hobby, eine Nebenbeschäftigung" gewesen. Absatzprobleme gab es keine. Der Händlmaier-Senf verkaufte sich durch Mundpropaganda wie von selbst: erst in Metzgereien, dann wurden Wirtschaften und Lebensmittelgeschäfte beliefert, später holten Großhändler den Senf ab, den es dann auch in Straubing und Deggendorf und München zu kaufen gab. Mit einem solchen Erfolg, erzählt Christa Aumer, hätten sie und ihre Mutter „nicht gerechnet".

Viel hat sich geändert im Vergleich zur kleinen Senfküche in der Regensburger Altstadt. Draußen, am Stadtrand, steht ein großer, weißer, eckiger Zweckbau mit dem roten Schriftzug Händlmaier an der Fassade. Drinnen blitzen Edelstahlbehälter, rattern Förderbänder, klirren die Gläser: 50 000 sind es pro Schicht. 8000 Tonnen stößt die Fabrik im Jahr aus. Vier Sorten Senf werden hergestellt, süßer und scharfer. Dazu Meerrettich und zwei Senfsoßen, eine mit Dill und eine mit Honig. Die seien, so sagen ihre Schöpfer, besonders geeignet für Fischgerichte oder zum Abschmecken von Fonds.

Franz Wunderlich, der Geschäftsführer, sieht auf den ersten Blick so aus, als habe er Karriere in einem IT-Unternehmen gemacht oder in einem großen Autohaus. Er hat dieses unaufdringlich Verbindliche, das gute Verkäufer brauchen. Und noch dazu diesen sympathischen Regensburger Zungenschlag. Manchmal, sagt er, „gibt das erstmal einen Lacher", wenn er im Urlaub von wildfremden Leuten gefragt wird, was er denn beruflich so macht, und er dann antwortet: „Ich bin Senffabrikant." Da muss Wunderlich gleich selbst lachen und erzählt weiter, dass „die zweite Frage der Leute ist, ob man da Geld verdienen kann". Das können die Händlmaier-Erben ganz sicherlich, auch wenn ihnen vor einiger Zeit die BSE-Krise einen kleinen geschäftlichen Dämpfer verpasst hat: Die Leute aßen damals weniger Würstl, also wurde auch weniger Senf verbraucht. Das hat sich inzwischen wieder eingerenkt, aber dennoch denkt Franz Wunderlich verstärkt über neue Produkte nach – welche, das ist noch ein Betriebsgeheimnis. Man wird ja sehen, was künftig mit dem Händlmaier-Logo drauf so alles in den Regalen stehen wird.

Eines aber wird sich wohl nie ändern: Jedes Glas wird mit einem roten Deckel verschlossen und mit dem seit Jahrzehnten nahezu unveränderten Etikett beklebt, auf dem die naive Zeichnung einer Hausfrau mit Schürze und goldenem Stirnband zu sehen ist und darunter – wie von Hand gemalt – der Schriftzug: Händlmaier's.

Fotos: Stefan Kiefer

Ein Bleistift für van Gogh

Anton Wolfgang Graf von Faber-Castell und die jahrhundertealte Familien-Tradition der „handgehaltenen Schreibgeräte"

Von Peter Schmitt

Nürnberg – Ein Bleistift ist ein Bleistift. Natürlich. Aber: Ein Bleistift ist ein Bleistift ist ein Faber-Castell 9000. So ist es richtig. Sechseckig aus dem Holz kalifornischer Zedern gefräst, dunkelgrüner Wasserlack mit Stempelaufdruck in Gold, 17,5 Zentimeter lang und mit einer Mine aus Grafit und Tonmehl. Der Klassiker unter seinesgleichen, weltweit. 1905 in Stein bei Nürnberg entwickelt und wohl noch bis weit in das 21. Jahrhundert hinein im Sortiment.

Damit sind wir schon bei Anton Wolfgang Graf von Faber-Castell. Der Bleistiftgraf oder, schöner, Herr der Stifte. Journalisten haben ihn so apostrophiert. Er nimmt es hin, weil es ja auch stimmt. Immerhin verlassen 1,8 Milliarden Schreib- und Malstifte im Jahr die Maschinen. 5500 Mitarbeiter bringen mehr als 315 Millionen Euro an Umsatz. Das ist es allein aber nicht, was den Chef des Hauses, der am 7. Juni 1941 in Bamberg geboren wurde, mit seinem Unternehmen verbindet.

„Handgehaltene Schreibgeräte" stehen in Stein seit jeher für eine Kultur der Information und Kommunikation, und was das Selbstverständnis des Grafen Anton Wolfgang betrifft, können Note-Book und Internet-Botschaften niemals mithalten. Ein Geschäft ist es natürlich für ihn auch. Er hat nicht ohne Auswirkung Schule und Studium in der Schweiz, der Heimat seiner Mutter Katharina von Sprecher-Bernegg, absolviert. Wer ihn besucht, im schlichten Verwaltungsgebäude von 1887 und nicht im etwas pompösen Schloss oberhalb der Fabrikationsanlagen, das er nie bewohnen wollte, landet unversehens in einem ambitioniert vorgetragenen Seminar über weltweite Marktstrategien und Produktdesign. Der Mann ist beides, Kaufmann und Stilbildner. Volle Identifikation steht hinter den edelsten Kreationen, die das Adelsprädikat samt Wappen tragen. „Graf von Faber-Castell" heißt die Produktlinie, an deren Entwicklung der Geschmack des Chefs des Hauses nicht ganz unbeteiligt war. Der Katalog listet Schreibstifte von 45 Mark bis 18 000 Mark auf, wobei im letztgenannten Beispiel die Applikation mit Diamanten den Preis entscheidend mitprägte. Über den „Luxus des Einfachen" kann Anton Wolfgang von Faber-Castell anhand solcher Kreationen trefflich philosophieren und darüber, dass Produkte aus dem Unternehmen lebenslange Begleiter sein sollen, in Schule und Büroalltag; aber auch bei denen, die Kreatives damit vollbringen, und sei es bei Malversuchen im Kindergarten. Schon Vincent van Gogh wusste die Stifte aus dem Haus Castell zu loben und Karl Lagerfeld hat damit skizziert.

Vollends zum Verkäufer des Ideals vom vollkommenen Schreibgerät wird der Graf, wenn er die Vorzüge des ausgereiften Taschenstifts am Beispiel demonstriert: Schreibstift, Verlängerungskappe mit eingebautem Spitzer und austauschbarem Radiergummi, alles auf kleinstem Raum und technisch perfekt. Wer derartige Präzision im Sortiment hat, kommt ganz von selbst zu der

Dass das Unternehmen von Anton Wolfgang Graf von Faber-Castell (links) heute weltweite Beachtung findet, ist auch auf das unternehmerische Geschick des Lothar von Faber (rechts) zurückzuführen. Der machte aus dem Stift bereits im 19. Jahrhundert einen echten Bestseller. Aus dem Holz kalifornischer Zedern ist er gefräst und mit einer Mine aus Grafit und Tonmehl ausgestattet. Den „Faber-Castell 9000" benutzen Schüler zum Kritzeln, Beamte zum Rechnen und Designer zum Zeichnen. 1,8 Milliarden Schreibgeräte verlassen jährlich den ältesten und größten Schreibstiftkonzern der Welt.

Feststellung: „Die schnellste Art, pleite zu gehen, wäre es, sich auf Computer zu stürzen." Er vertraut auf andere Innovation. Den dreieckigen Bleistift mit griffigen Noppen am Stil etwa, kürzlich in den USA zu einem „product of the year" gewählt.

An dieser Stelle könnte das Gespräch schon beendet sein.

Es ist alles gesagt über das Haus derer von Faber-Castell, das mit Bleistiften zu tun hat, seit der Handwerker Kaspar Faber 1761 in dem Dorf Stein, damals noch weit weg von den Grenzen der Stadt Nürnberg, damit anfing. Und auch über den Adel, der dem Markennamen zusätzlich werbewirksamen Klang verleiht. Wenngleich die ersten Fabers rund hundert Jahre darauf warten mussten. Das Prädikat kam in der dritten Firmengeneration hinzu, als Lothar Faber von Ludwig II. in den Freiherrenstand versetzt wurde. Wie kein anderer Faber hat er die Weichen des Familienbetriebs zum Unternehmen gestellt, ein früher „Global Player", der schon 1949 in New York eine Niederlassung gründete und einen Familiennamen zur Marke machte, lange vor Adidas oder Joop.

Heute produziert Faber-Castell in vier Erdteilen. Die größten Werke stehen in Brasilien, wo das Haus seit 1930 Stifte herstellt und das Holz dafür seit den achtziger Jahren in einem weltweit einzigartigen Wiederaufforstungsprojekt in eigenen Plantagen heranzieht. Eigene Plantagen vor allem, weil so die Preise in der Hand behalten werden. Auch war der Graf in China, um dort ein Logistikzentrum zu gründen. Das jüngste Werk entstand 2002 in Malaysia.

Noch eines trug Lothar von Faber zum Gelingen des Familienwerks bei. Sein Familienfideikommiss legte fest, dass die Universalerbin, seine Enkelin Ottilie, auch bei der Heirat mit einem Angehörigen des erblichen Adels den Namen Faber einem gemeinsamen Namen voranstellen musste. So kam das uralte Geschlecht der Grafen zu Castell-Rüdenhausen aus Unterfranken nach Stein und Anton Wolfgang von Faber-Castell im Jahr 1998 zu etwas überraschenden Enthüllungen über die Ehe seiner Großeltern Ottilie von Faber und Alexander zu Castell-Rüdenhausen. „Eine Zierde in ihrem Hause", lautet der Titel der Romanbiografie von Asta Scheib über Lothar von Fabers Enkelin Ottilie. Empfindsam und musisch, aber auch sprunghaft und unkonventionell muss sie gewesen sein. Vor allem aber unglücklich in ihrer Ehe mit dem Casteller, der zu sehr in den Geschäften aufging. Schließlich verließ sie ihn, ließ sich scheiden und heiratete später ihre große Liebe, einen ebenfalls geschiedenen ehemaligen adeligen Offiziersfreund ihres Mannes. Unerhört war solches Verhalten vor hundert Jahren und eine Demütigung für den zurückgelassenen Grafen.

Anton Wolfgang von Faber-Castell hatte der Schriftstellerin Zugang zu den Familiendokumenten verschafft. Ihre romanhafte Verarbeitung ließ ihn allerdings „ein wenig schlucken". „Mein Großvater kommt nicht so gut weg, wie ich es mir gewünscht hätte", bedauert er. Doch nachtragend wollte der gegenwärtige Chef des Hauses nicht sein: Die Buchpräsentation zelebrierte er in großem Stil im gräflichen Schloss.

„Ich fühle mich mehr den Castells ähnlich, auch äußerlich", sagt der 1,91 Meter große gertenschlanke *heutige*

Unternehmensleiter, und nennt nochmals den Namen jenes Großvaters Alexander, dessen Beitrag zur Firmenentwicklung er hoch schätzt. Adel ist ihm als Hinweis auf die Tradition der Firma wichtig im ältesten und größten Schreibstiftkonzern der Welt, nicht aber Allüren oder gar das Streben, in die Klatschspalten zu geraten. Der letzte größere Bericht stand 1987 in der Yellow-Press. Da heiratete Anton Wolfgang die New Yorker Marketingdirektorin Mary Elizabeth Hogan, standesgemäß mit Gästen aus dem Hoch- und Unternehmensadel. Danach zog sich der Rest der Familie schnell wieder ins Private auf einen ehemaligen Sommersitz zurück. Dort wachsen die drei Töchter heran. Der Sohn aus einer ersten kurzen Ehe studiert in den USA.

Das Schloss. „Meine Mutter hätte es am liebsten in die Luft gesprengt", sagt Anton Wolfgang über das Gemäuer in Stein. Der stilempfindlichen Frau, begabte Pianistin aus altem Graubündner Offiziersadel, war der Kasten Baujahr 1903 zu düster. Außen Neorenaissance und innen so voller Baustile, von der neoromanischen Halle bis zum originalen Jugendstilbad, dass Kunsthistoriker schon wieder Freude an dem Nachbau empfinden. 1939 beschlagnahmte es die deutsche Wehrmacht für ihre Zwecke, ehe nach Ende des Krieges amerikanische Anwälte der Nürnberger Kriegsverbrecherprozesse Quartier nahmen. Auch Prozessbeobachter wie Ernest Hemingway und John Steinbeck oder der Presseoffizier und Schauspieler Montgomery Clift fanden hier Unterkunft, weil im zerstörten Nürnberg kaum Hotelzimmer aufzutreiben waren. Die Grafenfamilie zog nie wieder ein.

Anton Wolfgang, der gelernte Jurist aus der Schweiz, wo er sich zum Skifahren immer wieder gern hintreiben lässt, ging nach der Übernahme und Neuorientierung der Firmengeschäfte auch die Renovierung des leer stehenden Familiensitzes an. Für Ausstellungen, repräsentative Zwecke, nicht aber um selbst drin zu leben, obwohl er dem ihm lange Zeit fremden Gemäuer inzwischen etwas abgewinnen könne. „Man sucht seine Wurzeln und merkt erst mit der Zeit, aus welchen Quellen man besteht", sinniert er. Und dazu fällt ihm ein, dass seine Mutter eine Cousine der verstorbenen Schweizer Schauspielerin und Chansonsängerin Helen Vita war.

Fotos: Faber-Castell

Die 21. Generation

Den Potzel-Hof in Unterkonnersreuth gibt es seit mehr als sechs Jahrhunderten –
so existenzielle Probleme wie heute hatten die Bauern noch nie

Von Uwe Ritzer

Unterkonnersreuth – Sanfte Hügel, am Horizont ein Wald, der Rote Main fließt als Bach gemächlich durch das Tal und das Dorf. Um die 80 Menschen leben in Unterkonnersreuth, wo kaum Zäune und Tore die Grundstücke streng von den schmalen Wegen trennen, sondern weite offene Hofeinfahrten Besucher einladen. Das Dorf hat seine Ursprünglichkeit bewahrt. Am Ortsrand wuchert keines der sonst auf dem Land üblichen gesichtslosen Neubaugebiete. „Vor ein paar Jahren waren wir oberfränkischer Bezirkssieger im Wettbewerb ‚Unser Dorf soll schöner werden‘", sagt Gerhard Potzel stolz und deutet auf einen Höhenkamm: „Da drüben stand einmal eine Burg, die im 14. Jahrhundert abgebrochen wurde."

Das war just die Zeit, als die Familie des Landwirtschaftsmeisters des Jahrgangs 1959 in Unterkonnersreuth Wurzeln schlug, die bis heute ganz fest mit diesem Idyll verbunden sind. Gleich mehrere Urkunden dokumentieren das; die Familie hat sie fein säuberlich gerahmt und hinter Glas geschützt an Ehrenplätze gehängt. „Das Bauerngeschlecht Potzel in Unterkonnersreuth ist laut amtlichem Nachweis seit mindestens 1398 in ununterbrochenem Besitz des angestammten Hofes", begründet der Bauernverband seine Auszeichnung „in Anerkennung der vorbildlichen Treue zur Heimatscholle". Gerhard Potzel bewirtschaftet mit seiner Frau Susanne, Sohn Martin, Jahrgang 1983, und Tochter Juliane, geboren 1988, den Hof in der 21. Generation.

Rein äußerlich könnte der Brillenträger in einem Versicherungsbüro arbeiten oder in einem Amtsgericht Recht sprechen, so wie seine beiden Brüder. Er argumentiert geschliffen und entspricht mit seinem selbstbewussten Auftreten so gar nicht dem Klischee vom dumpfen provinziellen Landmenschen. „Ich hätte von den Noten her ins Gymnasium gehen können", erzählt Potzel, „aber ich wollte lieber Bauer werden." Schon als Bub kurvte er leidenschaftlich gerne mit dem Schlepper durchs Dorf, schlug auf dem Feld das Heu um, mistete den Stall aus und fütterte die Tiere. Vater Johann förderte das mit Wohlwollen. Familientradition gilt bis heute viel bei den Potzels. Und als Bauer war man schließlich noch wer, damals, vor mehr als 20 Jahren.

Das ist vorbei. Zu Beginn des dritten Jahrtausends führen die Landwirte einen erbarmungslosen Überlebenskampf. Ungeachtet aller flammenden Politikerbekenntnisse zur bäuerlichen Landwirtschaft starben noch nie so schnell so viele Höfe wie in unserer Zeit. Wohl keiner von Gerhard Potzels Altvorderen konnte sich vorstellen, dass aus dem autarken Bauernstand eine Krisenbranche wird, die aus dem staatlichen Subventionstopf durchgefüttert werden muss. Potzels Ahnen mussten sich nicht mit Preisverfall und BSE herumschlagen. Und erst recht nicht mit einer aus dem fernen Brüssel gesteuerten Agrarbürokratie, deren Auswüchse nicht einmal Fachleute mehr überblicken. Mit 50 Hektar Flur, elf Hektar Wald, 30 Kühen und gut noch einmal so

Eine Woche Urlaub im Jahr reicht ihnen: Sohn Martin, Mutter Susanne, Vater Gerhard und Tochter Juliane müssen hart arbeiten, um über die Runden zu kommen. Mit ihrem Leben auf dem Land sind sie dennoch zufrieden. Martin soll den traditionsreichen Hof einmal übernehmen.

vielen Kälbern im Stall gilt Gerhard Potzels Vollerwerbsbetrieb nach 605 Jahren statistisch als kaum zukunftsfähig. „Um nach dem propagierten Weltmarktpreis produzieren zu können, müssten wir in jeder Hinsicht kräftig draufsatteln." Den Gesetzen des Marktes will er nicht widerstandslos folgen. Eine Agrarfabrik soll sein Hof nie werden. Wie seit Jahrhunderten Tradition, hat

jede Kuh im Stall ihren Namen: Kathi, Laska, Beate oder Lina. Zum Fressen bekommen sie, was das Land hergibt: Mais, Gras, Heu, Grassilage. Ob er seine Tiere mag? Der Franke wirkt einen Moment lang verdattert: „No freilich, was sonst!"

Gerhard Potzel wurde im elterlichen Wohnstallhaus aus dem 16. Jahrhundert geboren. Einige Jahre später

Sie hatten in den dreißiger Jahren auf dem Bauernhof das Sagen: Gerhards Großmutter Margaretha und Großvater Wilhelm Potzel (Mitte, stehend).

wurde es abgerissen. „Erst dann hat man gemerkt, welchen historischen Wert es hatte, mit seiner offenen Feuerstelle und den dicken Mauern." Nur eine Zeichnung erinnert an das Haus. Nachdem seine Mutter gestorben und der Vater schwer erkrankt war, übernahm Gerhard Potzel mit 20 Jahren den Hof. Der ist mehr für ihn als nur ein Betrieb zum Lebensunterhalt. Er markiert eine beson-

dere traditionelle Lebensform, die seine Familie immer gelebt hat. „Mir würde es sehr weh tun, wenn hier plötzlich Schluss wäre", sagt Potzel. Nicht nur, weil er allein in den vergangenen Jahren ein paar hunderttausend Euro investiert hat, in eine Stallerweiterung, Fahr- und Getreidesilos, eine Güllegrube und Maschinen. „Ich häng' an meiner Sach', weil ich auch eine Verpflichtung spüre gegenüber früheren Generationen." Ein Album, einen Ordner, ein Heimatbuch nach dem anderen mit alten Fotos und Dokumenten zieht er aus den Schränken.

Das „Landbuch des burggräflichen/markgräflichen Amtes Bayreuth" beweist, dass ein gewisser Fritz Petzel 1398 den Hof gründete. Das Gemeindebuch belegt, dass er ein direkter Vorfahre von Gerhard Potzel war. Von einer männlichen Generation auf die nächste ging das Anwesen über, nur einmal wurde in den mehr als 600 Jahren über eine weibliche Verwandte vererbt, infolge des Dreißigjährigen Krieges. Immer wieder taucht das Geschlecht in örtlichen Chroniken auf. Etwa 1552, als die Gemeindebewaffnung registriert wurde: „Hans Petzel – halber Haken und eine Hellebarde." Prächtig ist das handgemalte und -beschriebene Dokument, mit dem das Königreich Bayern 1882 dem Gutsbesitzer Johann Nikolaus Potzel, dem Ur-Ur-Großvater des jetzigen Besitzers, für verdiente Leistungen in der Rinderzucht allerhöchste Anerkennung aussprach.

Jahrhundertelang prägten Bauerngeschlechter wie das der Potzels das Leben und die Kultur auf dem flachen Land. Hart war ihr Los; Buckelei von früh bis spät, und dann auch noch der Zehnte für die Obrigkeit. Daraus bildete sich ein selbstbewusster Stand. Je größer der Hof, desto stolzer und mächtiger seine Besitzer. Auch die Potzels zählten über Generationen zu denen, die das Sagen hatten im Wirtshaus, im Dorf und in der Ortspolitik.

In ihrer kleinen Gemeinde sind sie auch heute noch angesehene Leute. Aber wenn insgesamt von Landwirtschaft die Rede ist, schwirren Begriffe wie Massentierhaltung und Agrarfabriken durch die öffentliche Diskussion. „Der Verlust des Ansehens beschäftigt mich schon", sagt Gerhard Potzel. Nach Jahrhunderten des vergleichsweise langsamen Wandels ist dessen Dynamik heute rasant. „Die Alten mussten sich mehr plagen, aber sie waren freier, sie hatten mehr Muße, mehr Zeit und im

Zweifelsfall Dienstboten." Auf dem Potzel-Hof ist der letzte Knecht schon lange ausgezogen. Für junge Frauen auf dem Land war es einst das Lebensziel, in einen angesehenen Hof einzuheiraten. Großbauern verkuppelten ihre Kinder untereinander. Heute müssen Jungbauern schon froh sein, wenn sie überhaupt eine Frau finden. Die Arbeit gilt als unattraktiv, die Lebensform mit ihrem Angebundensein an Tiere und Stall als nicht mehr zeitgemäß und die wirtschaftliche Perspektive als zu schlecht.

Susanne Potzel, Jahrgang 1961, ist demgegenüber die krasse Ausnahme. Sie ist im nahen Bayreuth groß geworden, hat pharmazeutisch-technische Assistentin gelernt. Mit Landleben hatte sie nichts zu tun, ehe sie ihren späteren Mann kennen lernte. Heute möchte sie nirgendwo anders leben und arbeiten als auf ihrem Bauernhof. „Die Zeiten, in denen die Landbevölkerung hinter dem Mond lebte, sind doch längst vorbei." Jedes Jahr macht die Familie gerade mal eine Woche Urlaub. „Kein Problem", sagt Susanne Potzel, „dafür lebe ich das ganze Jahr in einer herrlichen Umgebung."

Die lange Geschichte des eigenen Hofes empfindet sie als einen „großen Wert an sich". Gerne hätten die Potzels, dass ihr Sohn Martin, Jahrgang 1983, den Hof einmal in der 22. Generation übernimmt. Zuvor sollte er aber das Abitur machen – für alle Fälle. Über die „blöden, abfälligen Sprüche", die er sich als Bauernbub schon anhören musste, spricht er nicht gern. Dass er auf einem der ältesten bayerischen Bauernhöfe aufwächst, erfüllt ihn „ein bisserl mit Stolz". Der Junge arbeite leidenschaftlich gern am Hof mit, erzählt sein Vater. Manchmal kommt Gerhard Potzel darüber trotzdem ins Grübeln. Etwa, als Martin auf dem Höhepunkt der BSE-Krise von der Schule heimkam und nüchtern feststellte: „Du, Papa, wir Bauern haben ein Imageproblem."

Fotos: Reinhard Feldrapp / Privat

Der Enkel der Bavaria

Wie der Restaurator Johannes von Miller das Erbe seiner weltberühmten Familie bewahrt

Erinnerungsstücke an den Guss der Bavaria aus dem Fundus des Johannes von Miller.

Von Manfred Hummel

Bad Wiessee – Julius weint in seinem Kinderwagen. Wir erhalten den Auftrag, ihn so lange zu beruhigen, bis die Mutter den Vater gefunden hat, der irgendwo im gedrungenen Bauernhaus steckt. Am 16. März 2001 geboren, ist Julius der jüngste Bauer auf dem Kainzenhof und gleichzeitig auch der jüngste Spross einer bayerischen Dynastie, die derzeit um die 150 lebende Mitglieder zählt. Mit vollem Namen heißt der Winzling Julius Paul Ferdinand von Miller. Ururururgroßvater Ferdinand von Miller hat die Bavaria gegossen, dessen Sohn, Ururgroßonkel Oskar, das Deutsche Museum in München gegründet. „Wir sind eine große Erbengemeinschaft", beschreibt Johannes von Miller, der Papa von Julius, die Sippe, „wir streiten uns, wir vertragen uns, und wir genießen das Idyll."

Der Ausdruck ist fast noch untertrieben für diese oberbayerische Bilderbuchlandschaft. Der Kainzenhof liegt direkt am Ufer des Tegernsees, umgeben von Blumenwiesen, vor der Kulisse des Mangfallgebirges. 1896 hat Fritz von Miller, ältester Sohn Ferdinands, den Hof samt Umgriff als Sommerfrische gekauft. Die wohlhabenden Münchner Bürgerfamilien entdeckten seinerzeit das Landleben. Die Ufergrundstücke, damals preiswert zu haben, sind heute nicht mehr zu bezahlen. Damit die Seinen einfacher an den Tegernsee gelangen konnten, förderte Fritz von Miller auch gleich noch den Bau einer Eisenbahnverbindung nach Gmund. Oskar von Miller, jüngster Sohn Ferdinands, prägte die technische Linie der Familie, während Fritz den Musen zugeneigt war. Er war Kunstprofessor in München und genoss als Goldschmied internationale Beachtung.

In dieser Tradition sieht sich auch Johannes, 1962 geboren und gelernter Restaurator. In der Tenne, die als Werkstatt dient, „konserviert" er Möbel, von der Gotik bis in die fünfziger Jahre. Auf den Begriff Konservieren legt er Wert. Er will Möbel erhalten, indem er sie in ihren historischen Zustand zurück versetzt. „Man darf den Stücken ihr Alter ansehen." Er ergründet zunächst Geschichte und Herkunft eines Möbels, arbeitet dann mit der Technik und den Materialien der jeweiligen Epoche. Der Leim stammt nicht aus dem Baumarkt, sondern wird eigens aus gekochten Knochen zubereitet. In der Tenne gibt es daher viel zu lernen. Vier Praktikanten und Kunststudenten, die gerade auf einer Bank vor dem Haus vergnügt Brotzeit machen, absolvieren hier einen Teil ihrer Ausbildung.

Der Restaurator braucht keine Werbung zu machen, die Kunden finden durch Mundpropaganda selbst den Weg zum Kainzenhof. Johannes von Miller ist offensichtlich auch bei den Denkmalpflegern ein gefragter Mann. Unter anderem rekonstruierte er die historischen Lacke auf den Schränken der Sakristei in Kloster Ettal. Braucht Johannes einen Rat, kann ihm seine Frau weiterhelfen. Katharina Walch arbeitet als Restauratorin beim Landesamt für Denkmalpflege und hat sich auf historische Lacke, vornehmlich barocke, spezialisiert. Sie hält Vorträge in aller Welt. Er kommt manchmal mit. „Das ist dann ein aufregendes Leben." Die Menschen unter dem Dach des Kainzenhofs scheinen eine glückliche Symbiose zu bilden. Johannes von Miller wirkt natürlich und sympathisch. Es sei für ihn nicht selbstverständlich, dieses so augenscheinlich unbeschwerte Leben zu leben. Er verspüre auch eine Verpflichtung. Liebevoll hütet er das Erbe der Ahnen. Es scheint für ihn auch eine Quelle der Kraft zu sein. Ursprung für alles war der Erzgießer Ferdinand von Miller. Er habe den Weltruhm der Familie begründet. Der Kainzenhof atmet diese Vergangenheit. Der Kachelofen, die Möbel, die Goldschmiedearbeiten in einer Mischung aus Historismus und Jugendstil, alles das stammt noch von Fritz von Miller.

Doch es gibt noch eine Steigerung: Johannes legt ein Journal auf den Holztisch, dessen braunen Deckeln man

Auf dem Bild ist zu sehen: Links oben und unten Originalentwürfe der Bavaria, gezeichnet von Ludwig Schwanthaler. In der Mitte die Familie Ferdinand von Millers, Schöpfer der Bavaria. Rechts oben das Auftragsbuch mit dem Eintrag des Schiller-Goethe-Denkmals für die Stadt Weimar. Rechts unten die „Buchführung" und Endabrechnung für den Guss der Bavaria.

Die nächste Generation der Millers ist schon gesichert. Julius Paul Ferdinand von Miller im Alter von drei Wochen mit Vater Johannes und Mutter Katharina auf dem Balkon ihres Anwesens am Tegernsee.

die Jahre ansieht. Es ist die originale Buchführung über den Guss der Bavaria von 1843. Sieben Jahre später fand die Monumentalstatue ihren Platz auf der heutigen Theresienwiese. Jedes Bier für die Gießer ist handschriftlich aufgeführt, jedes Klafter Holz für den Formenbau, dazu die Nägel. Dann das Modellbuch, in dem alle Denkmäler und Brunnen akkurat verzeichnet sind. Die Familie hatte es verloren, durch einen glücklichen Umstand kaufte es

Johannes zurück. Es kündet vom weltweiten Ruhm des bayerischen Erzgießers. Für den musste Ferdinand von Miller übrigens selbst sorgen. Auf eigene Kosten hat er einen der Löwen vom Münchner Siegestor 1851 über Donau, Schwarzes Meer, Bosporus, Mittelmeer und Gibraltar nach England zur Weltausstellung verschifft. Er erhielt eine Goldmedaille und zog damit die Aufmerksamkeit des zahlungskräftigen internationalen Publikums auf sich.

Große Standbilder waren damals in Mode. Miller schuf kolossale Denkmäler wie das des Simon Bolivar in Bogota, das Goethe-Schiller-Denkmal in Weimar, die Türen des Capitols in Washington. Vor einem Monumentalbrunnen im New Yorker Central Park kamen Johannes die Tränen, als er Ferdinands Initialen entdeckte. Ein Transport für einen Brunnen in Cincinnati wurde noch von Indianern überfallen.

Der Briefwechsel zwischen Ferdinand und seinem Gönner und Freund Ludwig I., mehr ein Austausch von kleinen Anekdoten auf Notizzetteln, liegt noch unbearbeitet in der Schublade, ebenso das Tagebuch des Erzgießers. Es fehlt die Zeit. Johannes' Großvater stieg 1911 in die Erzgießerei ein und fiel 1916. Nach Kriegsende galt: „Keine Könige, keine Siege." Denkmäler waren nicht mehr gefragt, aus deutscher Hand schon gar nicht. Der gesamte Auslandsmarkt brach weg. Mit einem Schlag war es mit der Erzgießerei vorbei. Es fiel schwer, den Betrieb an der Erzgießereistraße in München weiterzuführen und die Arbeiter zu halten. Die Millers versuchten es mit Teilen für Granaten und Torpedos, doch den Aluminiumguss beherrschten sie nicht. 1927 wurde die Gießerei eingestellt.

Als „Kunstgewerbeladen Königliche Erzgießerei von Miller" in der Prannerstraße lebte der Name bis in die sechziger Jahre fort. Nach dem Zweiten Weltkrieg hatte die Familie die zerbombten Gebäude an der Erzgießerei-straße verkauft – zu einem Bruchteil des Preises, der Jahre später dafür zu erzielen gewesen wäre. „Damit war der Bezug zur Gießerei weg." Jeder ging fortan seiner eigenen Wege. Die Tradition der großen Familientage, die man früher feierte, ist eingeschlafen. Rudolf von Miller, das letzte Oberhaupt des Clans, residierte im Stammsitz der Oskar-Linie in Niederpöcking am Starnberger See. Dort starb er im Dezember 1996. Es gibt nur wenige männliche Millers. Gegenwärtig sind es 13 – mit Julius.

Fotos: Günter R. Müller

In dubio Prodomo

Vier Generationen Delikatessenhandel bei Dallmayr: Austern für den Prinzregenten und Mokka für die Inhaber

Von Christiane Wirtz

München – Luitpold aß gerne Austern. Die Meeresfrüchte, so hieß es damals, seien der Gesundheit des bayerischen Prinzregenten förderlich. Die Lieferanten des Hauses Dallmayr brachten die Delikatesse täglich in die Residenz – bis zum 12. Dezember 1912. An jenem Tag bestellte das Küchenpersonal des Hofes die Austern telefonisch ab: „Heute braucht ihr nicht zu liefern, denn der Prinzregent ist tot." In den Küchen Münchens verbreitete sich die Nachricht vom Tode Luitpolds daraufhin wahrscheinlich schneller als an den Höfen Deutschlands.

Einen guten Draht besaß das Haus Dallmayr auch zu den anderen deutschen Fürstenhäusern. Um die Jahrhundertwende belieferte das Münchner Unternehmen 16 Schlossküchen, darunter auch die des Deutschen Kaiserhofes in Berlin. Um diese lukrativen Geschäftsverbindungen herzustellen, bediente sich die Firmeninhaberin Therese Randlkofer eines einfachen Mittels: Sie tauschte mit den Küchenchefs Rezepte aus. Therese Randlkofer führte das Feinkost-Geschäft seit dem Tod ihres Mannes Anton im Jahre 1897. Dieser hatte den Laden in der Dienerstraße erst zwei Jahre zuvor von dem Namensgeber Alois Dallmayr übernommen.

Georg Randlkofer ist ein Urenkel der geschäftstüchtigen Witwe Therese. Heute leitet er das Unternehmen – gemeinsam mit seinem Partner Wolfgang Wille. Mit den Generationen hat sich auch die Aufgabe des Delikatessenhändlers geändert. „Früher ging es hauptsächlich darum, Neues aus aller Welt anzubieten", sagt Randlkofer. So soll seine Urgroßmutter die erste Banane nach München importiert haben. Auch Lychees gab es bei Dallmayr schon vor dem Ersten Weltkrieg. Um die exotischen Früchte auf die Ladentheke zu bringen, reiste die Unternehmerin allerdings nicht rund um die Welt. Sie blieb in Deutschland und pflegte den Kontakt zu den Botschaften.

Die Welt ist inzwischen kleiner geworden. Bananen gibt es mittlerweile in jedem Supermarkt. „Heute wollen unsere Kunden vor allem erstklassige Qualität", sagt Randlkofer. Dieser Wunsch ist dem Unternehmer oberster Befehl. „Denn das Schlimmste, was wir tun können, ist, den Ruf unseres Namens zu beschädigen." Das Geheimnis der Qualität liegt für Randlkofer in der Nähe zur Ware begründet. Der persönliche Kontakt zählt – beispielsweise der zwischen Einkäufern, Verkäufern und Käufern. Deshalb gibt es „den Dallmayr" auch nur in der Dienerstraße. Einzig das japanische Unternehmen Takashimaya besitzt seit einigen Jahren eine Lizenz, in seinen Warenhäusern kleine Kopien des Münchner Originals zu betreiben. Dies aber auch nur, „weil die Japaner dafür bekannt sind, dass sie ihren hohen Qualitäts-Standard strikt durchhalten", sagt Randlkofer. Asiatische Damen in blauen Kleidern und weißen Schürzen verkaufen auch dort Tee, Kaffee und Marmeladen, die aus Deutschland importiert werden.

Wolfgang Wille (links) und Georg Randlkofer führen das Delikatessgeschäft Dallmayr in der Münchner Dienerstraße nach alter Tradition. Seit Ende des 19. Jahrhunderts wird hier Kaffee geröstet.

Der Name Dallmayr steht heute für zwei Firmen. Zum einen gibt es das Stammhaus mit dem Delikatessenhandel – die Alois Dallmayr KG. Teilhaber dieser Gesellschaft, die 300 Mitarbeiter beschäftigt und 2002 rund 30 Millionen Euro Umsatz gemacht hat, sind Wolfgang Wille und Georg Randlkofer.

Darüber hinaus gibt es das Geschäft mit dem Kaffee: die Alois Dallmayr Kaffee oHG. Die oHG wurde 1985

Weil auf erstklassige Qualität großer Wert gelegt wird, beim Kaffee wie auch den anderen Waren, gibt es „den Dallmayr" auch nur in Münchens Dienerstraße.

gegründet, der Kaffeebereich damit vollständig ausgegliedert. Zu 50 Prozent gehört die Gesellschaft dem Stammhaus, also der Alois Dallmayr KG. Die anderen 50 Prozent hält Nestlé. Rund 75 Millionen Päckchen Kaffee hat die oHG 2002 verkauft, der Umsatz lag bei etwa 350 Millionen Euro.

Für den Kaffee ist bei Dallmayr Wolfgang Wille zuständig – auch das gewissermaßen eine alte Familientradition. Schon sein Großvater war in der Branche tätig, sein Vater Konrad Werner Wille kam als 20-Jähriger von Bremen nach München und baute in der Dienerstraße die Kaffee-Abteilung auf. Wolfgang Wille, Jahrgang 1940, hat schon als siebenjähriges Kind den Duft der großen Kaffees geschnuppert. Kurz nach dem Krieg, als die Familie ausgebombt war, röstete der Vater die Bohnen zu Hause – in einer beengten Wohnung in der Nymphenburger Straße. „Ich bin praktisch neben der Röstmaschine aufgewachsen."

Die Röstmaschine steht auch heute noch ganz in seiner Nähe: Von seinem Büro führt eine Tür direkt in die Küche. Bis zu 150 Tassen Kaffee werden hier täglich gekostet. Und – wie bei einer Weinprobe – später wieder ausgespuckt. Genauso wie ein Sommelier einen Burgunder von einem Bordeaux unterscheiden kann, weiß Wille den feinen Unterschied zwischen den einzelnen Sorten zu schmecken. „Der äthiopische Mokka", sagt der Unternehmer, „ist der beste Kaffee der Welt."

Mit neun Prozent Marktanteil ist Dallmayr der fünftgrößte Kaffee-Produzent in Deutschland. Die Konkurrenz ist hart, vor allem der Kampf um den günstigsten Preis des Genussmittels. „Diesem Wettbewerb müssen wir uns natürlich stellen, aber Kompromisse bei der Qualität machen wir in keinem Fall." Das bekannteste Produkt aus dem Hause Dallmayr schließlich heißt Prodomo, was wörtlich „für das (eigene) Haus" bedeutet – die beste Garantie für Qualität.

Die Familientradition, das Interesse für die Bohne nämlich, setzt sich bei der Familie Wille inzwischen auch in der nächsten Generation fort. Zwei der drei Töchter von Wille sind mittlerweile bei Dallmayr beschäftigt – Ellen Wille als Werbeleiterin der Alois Dallmayr oHG, Julia Wille als Assistentin ihres Vaters. Florian Randlkofer ist dem Vater ebenfalls in das Familien-Unternehmen gefolgt. Er gestaltet den Internet-Auftritt des Delikatessengeschäftes. Auch in diesem Sinne ist Georg Randlkofer zu verstehen, wenn er betont: „Tradition darf keinen Staub ansetzen." *Fotos: Dallmayr/Heddergott*

Das edle Gefäß ist eine Sonderanfertigung der Porzellanmanufaktur Nymphenburg.

Babybrei nährt den Familiensinn

Claus Hipp regiert sein Unternehmen wie ein Patriarch – mit Sinn für Ökologie
und christliche Grundsätze

Von Birgit Matuscheck-Labitzke

Pfaffenhofen – Er ist Mitte 30 und lebt bereits auf dem Altenteil: Stefan Hipp, ältester Sohn des äußerst erfolgreichen Babynahrungsmittel-Herstellers Claus Hipp, wohnt im Austragshaus des elterlichen Hofes. Sein Bruder Sebastian Hipp, Jahrgang 1972, hat sich „wegen einer Pferdeallergie" in einen alten, von ihm selbst renovierten, Pfaffenhofener Stadtturm zurückgezogen. Beide arbeiten im Familienunternehmen – wie übrigens auch zwei ihrer drei Schwestern. Die dritte, Antonia, 1976 geboren, hat sich nach London abgesetzt, um dort Politik zu studieren.

Kinder erfolgreicher Väter haben es nicht leicht. Sind die Väter außerdem noch sehr vielseitig begabt und erfolgreich, wie Claus Hipp (er ist Jurist und Geschäftsführer des Lebensmittelwerks, Präsident der Industrie- und Handelskammer München und Oberbayern, erfolgreicher Künstler und Kunsterzieher), dann wird es für die Kinder offenbar immer schwieriger, ein eigenes Profil zu entwickeln. Für die beiden Söhne war es – im Gegensatz zum Vater, der viel lieber einen künstlerischen Beruf ergriffen hätte – immer klar, dass sie in die Firma einsteigen würden.

„Wir haben das gewissermaßen mit dem Babybrei aufgesogen", behaupten beide übereinstimmend. Als belastend hätten sie den Erfolg des Großvaters und des Vaters nie empfunden, „eher als Ansporn, noch mehr zu erreichen". Die landläufigen (Vor)-Urteile, wonach eine

Generation aufbaut, die nächste ausbaut und die dritte das Vermögen verjubelt, scheinen bei den Hipps jedenfalls nicht Wirklichkeit zu werden.

Stefan Hipp hat Management studiert und arbeitet seit Jahren im Familienunternehmen. Sebastian hat nach dem Abitur ein Praktikum in der Firma gemacht. Seit dem Abschluss seines Betriebswirtschaftsstudiums kümmert er sich um die EDV im Familienbetrieb. Dort, an der Pfaffenhofener Georg-Hipp-Straße, weiß man jedenfalls gleich, wer den Ton angibt. In der Eingangshalle des Verwaltungsgebäudes der Hipp GmbH und Co KG fällt dem Besucher ein großes altes Holz-Kruzifix auf, die überlebensgroße Büste von Firmengründer Georg Hipp, darunter an den Wänden großformatige abstrakte Ölgemälde, die Claus Hipp unter seinem Künstlernamen Nikolaus so erfolgreich vermarktet, dass er auch von diesem Erlös komfortabel leben könnte, und mitten drin der alte Mörser, mit dem alles angefangen hat.

1897 hat der Ur-Großvater von Stefan und Sebastian, Joseph Hipp, in diesem Mörser Zwieback zu Mehl verrieben, mit Honig, Wasser und Milch vermischt und an seine Kinder verfüttert. Die nahrhafte Speise schmeckte auch den Nachbarskindern, und so kam es, dass der damals 16-jährige Sohn Georg mit dem Hippschen Zwiebackbrei von Tür zu Tür geschickt wurde, um junge Mütter und deren Kinder auf den Geschmack von Babykost aus Pfaffenhofen zu bringen. Georg Hipp fiel später die undankbare Aufgabe zu, seinem Erstgeborenen

Väter und Söhne: Claus Hipp (Mitte) mit Stefan (links) und Sebastian unter dem Bild des Firmengründers Georg Hipp – dessen Bild mit seiner Frau auch neben dem Kruzifix in der Eingangshalle des Betriebes hängt.

Mit dem alten Mörser fing alles an. Mit dem mischte Joseph Hipp Brei für seine Kinder.

Hygiene und Qualität werden groß geschrieben in dem Pfaffenhofener Betrieb.

Claus die „brotlose Kunst" auszureden, wofür ihm dieser heute freilich dankbar ist.

Er hatte in München parallel Jura, Oboe und Malerei studiert. Er promovierte in Arbeitsrecht und trat danach in das elterliche Unternehmen ein.

Als sein Vater drei Jahre später starb, war Claus Hipp mit nur 29 Jahren gezwungen, die Geschäftsführung zu übernehmen. Seit 1967 leitet er das Pfaffenhofener Unternehmen, das er mit 50 Prozent Marktanteil zur Nummer eins unter den europäischen Gläschenkost-Produzenten gemacht hat.

Bis heute hat die Familie das Gespür für erfolgversprechende Trends nicht verloren. Schon früh begann das Unternehmen, auf der Öko-Welle zu schwimmen. Hähnchenkeulen ohne Hormone, BSE-freies Rindfleisch und garantiert unbedenkliches Gemüse, dafür bürgt Claus Hipp mit seinem Namen. Und dafür hält er in der Werbung sogar seinen Kopf hin – zwischen Kohlköpfen und Karottenbündeln. Die Bio-Spezialisierung ist für die Paffenhofener aber mehr als ein Werbegag. Bereits 1959 begannen die Bio-Brei-Hersteller, ein Netz mit Ökobauern zu knüpfen. Heute beliefern mehr als 4000 der insgesamt

Moderne Technik hat ihren Preis: Hipps Gläschen sind die teuersten im Regal.

Strenge Kontrollen durchläuft der Inhalt der Gläschen. Dafür hält Claus Hipp in der Werbung sogar den Kopf hin.

10 000 Bauernhöfe, die im Bundesgebiet ökologischen Landbau betreiben, das Pfaffenhofener Unternehmen. Dafür wurde Hipp mit dem Umweltpreis 2001 der Stiftung Europäisches Naturerbe ausgezeichnet. Hipp hat bereits vor drei Jahren mit BSE-Tests begonnen, zu einem Zeitpunkt, als Bayern noch als „garantiert BSE-frei" galt. Die Behörden des Freistaats machten dem Garchinger Institut, das für die Firma Hipp testet, allergrößte Schwierigkeiten – weil nicht sein kann, was nicht sein darf. In einem kleinen, firmeneigenen Labor können die Produkte der Konkurrenz in ihre Bestandteile zerlegt werden: was gut ist, wird übernommen, aber etwas Besseres als Hipp gibt's ohnehin nicht. Dafür sorgen schon die Qualitätssicherungsmaßnahmen. Zehn Prozent seiner 800 Mitarbeiter hat Claus Hipp dafür abgestellt. 260 Kontrollen durchläuft der Inhalt eines jeden Gläschens vom Anbau bis zum Endprodukt. Außerdem investiert Hipp kontinuierlich in neue Produktionsanlagen.

Die moderne Technik hat allerdings ihren Preis, was auch die Verbraucherin zu spüren bekommt – und nicht alle Mütter greifen bereitwillig zum teuersten Produkt im Regal. Das ist Claus Hipp aber egal, selbst wenn er

Einbrüche hinnehmen muss. Eine Drogeriemarkt-Kette nahm die Pfaffenhofener Gläschen kurzerhand aus dem Sortiment, als Hipp sich weigerte, die Preise zu senken. Das kostete ihn 20 Prozent seines Geschäftsvolumens. Das Unternehmen musste sogar vorübergehend kurz arbeiten. Auch die BSE-Krise machte sich geschäftlich bemerkbar – obwohl das Misstrauen der Verbraucher gerade seinem Unternehmen gegenüber nicht gerechtfertigt sei. Aber Claus Hipp lässt sich nicht beirren. „Wir haben uns immer um eine offene Informationspolitik bemüht, auch schon vor der Krise", betont der Firmenchef: „Jetzt nutzen wir auch das Internet." Um die Hipp-Home Page kümmert sich Tochter Nikola, Jahrgang 1969. Claus Hipp hat in den 30 Jahren als Firmenchef viel bewegt und modernisiert. Die Wurzeln der Familie und der Firma hat er dabei nie aus den Augen verloren.

Ein Patriarch und Konservativer im besten Sinne, der das Unternehmen noch heute getreu dem Motto seines Vaters führt: „Fürchte Gott, tue Recht, scheue niemanden." Der 1938 geborene Claus Hipp gibt nach wie vor unverkennbar den Ton an. Drei seiner fünf Kinder sind Mädchen, zwei von ihnen arbeiten ebenfalls im Pfaffenhofener Familienbetrieb. Aber zum langfristig vereinbarten Termin mit der Journalistin erscheinen entgegen der Verabredung nur die Hipp-Männer im väterlichen Büro.

Die Frauen des Hauses Hipp bleiben – wie sich das in konservativen Kreisen gehört – unsichtbar. „Meine Frau nimmt Anteil am Firmengeschehen, aber sie war nie in der Firma tätig", berichtet Claus Hipp. Wenn man einen der Söhne direkt anspricht, dauert es nicht lange, bis der Vater eingreift. Stefan Hipp berichtet von seinen morgendlichen Ausritten und davon, dass er „ein bisschen Trompete spielt". Er sei gerne in der Natur, Skilaufen und Bergsteigen. Nein, malen könne er nicht. „Aber du sammelst doch", erinnert ihn der Vater, dessen Bilder der Sohn „zum Vorzugspreis" bekommt. Seine Kinder seien nicht sehr musisch, bekennt Claus Hipp. Dafür lobt er ihr klares Urteilsvermögen.

„Wir sind eine sehr christlich geprägte Familie", sagt Claus Hipp. Kruzifixe überall in der Firma, selbst in den Produktionsräumen, machen das für jedermann sinnfällig. Schon mit sechs Jahren sei er Messdiener geworden und ist es bis heute geblieben. Und in einer so geprägten Familie hat auch der Zusammenhalt einen hohen Stellenwert. Das macht die Skulptur auf dem Schreibtisch des Firmenchefs deutlich: fünf aus Ton modellierte Hände, die ineinandergreifen. Ein Geschenk seiner Kinder.

Fotos: C. Hess, A. Heddergott

Die scheuen Fürsten von Augsburg

Die einstmals mächtige Fugger-Familie verwaltet heute in aller Stille ihre
wohltätigen Stiftungen

Albert Graf Fugger von Glött verwaltet als Mitglied des Seniorats, was vom gewaltigen Imperium der Augsburger Familie geblieben ist.
Das sind insbesondere die wohltätigen Stiftungen, deren Kapital seit dem 17. Jahrhundert in Grundbesitz angelegt ist, darunter auch die
Fuggerei mit ihrer unschlagbar günstigen Miete für arme, bedürftige und katholische Augsburger.

Von Dieter Baur

Augsburg – Nein, Durchlaucht empfängt nicht. Er hat ja auch erst vor 21 Jahren der *Süddeutschen Zeitung* ein Gespräch gegönnt. Man muss nicht dauernd in der Zeitung stehen, wenn man testamentarisch mit der ernsten Aufgabe betraut ist, die vergleichsweise kümmerlichen, aber immer noch beachtlichen Reste eines gewaltigen Imperiums zusammenzuhalten. Schließlich ist man Hubertus Fürst Fugger-Babenhausen und nicht Gloria Maria Fürstin von Thurn und Taxis. Da sei Jakob Fugger der Reiche vor und das ebenso bestimmt wie freundlich abwinkende Vorzimmer des Herrn auf der Wellenburg westlich von Augsburg.

Immerhin: Im Jahr 1980 gelang der *SZ* ein Gespräch mit dem neuen Chef des Hauses Fugger. Den hat man schon damals „nie zu sehen" gekriegt, wie die Stammtischbrüder im Gasthaus „Sonne" des benachbarten Bergheim erzählen. Man gönnt dem Fürsten die Flucht vor sich selbst in einer Stadt, in der ein ICE „Jakob Fugger" am Hauptbahnhof vor dem Schild „Fuggerstadt Augsburg" stoppt, in der es eine Fuggerstraße und eine Fuggerkapelle und eine Fuggerei gibt und in der das Wort „fuggern" noch immer ein Synonym für „Geld machen" ist. Der Fürst hat es heute sicher nicht leichter als 1980, als er verriet, was einen Fugger so drückt. „Kein Honiglecken" sei es, sagte der gelernte Betriebswirt seinerzeit, einen Namen zu tragen, der zuvörderst „erhebliche Verpflichtungen" bedeute.

Wenden wir uns also ab. Es gibt ja noch andere Stämme im Hause Fugger, nicht nur den Babenhausener, sondern auch noch den Kirchberger oder die Linie Glött. Albert Graf Fugger von Glött also. So ein Gespräch, sagt er gleich, sei nicht selbstverständlich. Wie das: War er denn nicht 30 Jahre lang Kreisrat im Unterallgäu und 27 Jahre lang schwäbischer Bezirksrat? War er das denn immer ohne Öffentlichkeit? Natürlich nicht, aber es

Albert Graf Fugger von Glött, 30 Jahre lang Kreisrat im Unterallgäu, vor dem Wappen der Familie.

klappte, ohne dass dem CSU-Politiker in aller Öffentlichkeit das Herz wirklich aufgegangen wäre. Eine ganz alte Tradition hat da ihre Spur gezogen: Seit der Webermeister Hans Fugger im Jahr 1367 aus Graben nach Augsburg wanderte, war es immer eine Stärke der Fugger gewesen, dass kein Konkurrent, ja kaum ein Freund erfahren

38

Wappen des Hauses Fugger mit der Fuggerlilie im Zedernsaal des Schlosses Kirchheim an der Mindel.

Augsburg nicht mehr beim Bischof, sondern bei einem ganz normalen Bürger Wohnung zu nehmen, der ihm ja auch sonst behilflich war, wenn er in Geldnöten steckte.

Etwas von der alten Fuggerschen Scheu vor vermeidbarer Öffentlichkeit hat Graf Albert geerbt, Neffe Jakobs des Reichen in nicht gezählter Generationenfolge und Vorsitzender des fürstlich und gräflichen Familien-Seniorats. Dem Seniorat gehören neben ihm auch Maria Elisabeth Gräfin Thun-Hohenstein Fugger – sie residiert in Schloss Oberkirchberg bei Ulm – und das schon genannte Familienoberhaupt Fürst Hubertus mit Sitz auf der Wellenburg an, den in Augsburg kaum jemand kennt. Das Seniorat verwaltet heute das Spektakulärste, was vom sagenhaften Reichtum der Fugger geblieben ist: die Stiftungen, an erster Stelle die Fuggerei, ein Muss für Augsburg-Besucher. Im Zweiten Weltkrieg weitgehend zerstört, wurde sie bis Anfang der fünfziger Jahre mit Eigenmitteln der Fuggerschen Stiftungen wieder aufgebaut: 67 Häuser mit 147 Wohnungen. In ihnen leben, so das Vermächtnis Jakobs des Reichen, „arm, dürftig Bürger und Inwohner zu Augsburg ... so öffentlich das Almosen nicht suchen". Damals zahlten sie eine Jahresmiete von einem Rheinischen Gulden, später wurden daraus 1,72 Mark, heute kosten die 60-Quadratmeter-Wohnungen jährlich 88 Cent. Und noch immer müssen die Bewohner der Fuggerei katholisch sein – nicht dass die Ökumene vorbei gegangen wäre an den Fugger-Nachfahren. Aber Protestanten können halt, weil sie eine andere Marienverehrung haben als Katholiken, die vom Stifter Jakob Fugger erwarteten täglichen Gebete – darunter ein Ave Maria – für sein Seelenheil nicht bieten.

Auch wenn die Stiftung zeitlos ist, wie es kein Gulden, keine Mark, kein Euro sein kann, hängt sie natürlich schon von Geld ab. Das Stiftungskapital wurde im 17. Jahrhundert in Grundbesitz umgewandelt, krisenfest sozusagen. In weiser Voraussicht. Aber gerade das macht

konnte, wie's drinnen aussah in den Herzen der Familien-Mitglieder und ihrem verschworenen Clan. Ganz typisch, dass schon Jakob Fugger der Reiche hinter eher schlichten Fassaden verbarg, welche Pracht in den Innen-höfen der Häuser an der heutigen Maximilianstraße herrschte. Sie bewegte selbst Kaiser Maximilian dazu, in

dem Seniorat heute Kopfzerbrechen. Basis des Fuggerei-Etats von rund 2,5 Millionen Euro im Jahr sind 3000 Hektar Wald. 70 Prozent der Einnahmen kommen aus den Forstbetrieben – Orkane wie „Wiebke" oder „Lothar" können da Schreckliches anrichten. Ohnehin gehört die gute Situation der sechziger, siebziger Jahre der Vergangenheit an, die Erlöse steigen längst nicht mehr im gleichen Maß wie die Kosten. Das gilt natürlich auch für die Fuggerschen Privatbesitzungen. Graf Albert hat die gleichen Sorgen wie viele andere Landwirte und Waldbesitzer: „Wir müssen nachhaltig arbeiten in Wald und Feld, damit auch die nächste Generation das schultern kann." Gleichzeitig lasten auf ihm „immer mehr Vorschriften und Regeln, die die nachhaltige Landwirtschaft erschweren".

Ihn trifft „die Keule von oben" doppelt schwer. Denn er schleppt eine Last, die andere nicht haben. Gemeinsam mit Angela Fürstin Fugger von Glött, der Witwe des Fürsten Joseph-Ernst, hat Albert Graf Fugger von Glött auf Schloss Kirchheim den Auftrag angenommen, die ererbten Kulturgüter zu erhalten. Und er versucht, sie mit Leben zu füllen wie den Kirchheimer Zedernsaal, der als eine der schönsten Renaissance-Kostbarkeiten überhaupt gilt, und in dem alljährlich Sommerkonzerte stattfinden. Das liegt durchaus im öffentlichen Interesse. Deshalb gibt es dafür steuerliche Vergünstigungen, aber: „Das fällt nicht ins Gewicht, weil ohnehin wenig verdient wird." Die Fugger schöpfen nicht mehr aus dem Vollen wie zur Zeit Jakobs des Reichen: „Nicht dass wir arm wären – aber wir sind auf uns gestellt." Ob Jakob Fugger der Reiche mehr machen würde aus der Situation? „Man muss immer das tun, was notwendig ist, das Ganze ist auch eine Sache der Konstellation", sagt der gelernte Jurist.

Jedenfalls fühlen sich die Fugger, welchen Stamms auch immer, den Herausforderungen des neuen Jahrtau-sends gewachsen. Graf Albert lässt da schließlich doch einen Blick ins Private zu: „Ich kann und mag meine Tage nicht zubringen auf irgend einer Yacht." Wer Fugger heißt, ist darauf eingerichtet, über den persönlichen Horizont hinaus zu denken: „Unsere Familien haben sich über Jahrhunderte für das öffentliche Wohl eingesetzt, waren verantwortlich für die uns Anvertrauten." Schon in der Fuggerschen Kinderstube hieß es, erzählt Graf Albert: „Du hast einen guten Namen, aber es zählt nur, was du leistest."

Damit wird die Erinnerung an einen Mann wach, dessen politische Leistung besonders herausragt, nämlich an Joseph-Ernst Fürst Fugger von Glött. Er war Mitglied des Kreisauer Kreises, saß bis Kriegsende im „Gefängnis des Führers" an der Lehrter Straße in Berlin und wirkte nach dem Krieg im Bonner Bundestag, im Straßburger Europarat und im Münchner Landtag. Götz Freiherr von Pölnitz brachte es in seinem Buch „Die Fugger" auf den Punkt: „Gewandelte Zeiten forderten die ihnen eigene Form der Bewährung."

Eigene Formen der Bewährung fordern die geänderten Zeiten von Mitgliedern der Familie Fugger auch heute. Im Zeichen der Fuggerlilie leben ja nicht nur Fürsten und Grafen, sondern auch Menschen wie du und ich, Landschaftsarchitekten sind darunter, Bankleute, Beamte und eine Lehrerin, mit der wir uns gern darüber unterhalten würden, ob für sie der Name Fugger im Alltag eher Last oder eher Lust ist. Doch da schließt sich die Tür ins Private wieder. Nein, Gespräche mit weiteren Familienmitgliedern hält er nicht für nötig, sagt Graf Albert und wird ganz kurz: „Schreiben Sie doch über die starken Frauen, mit denen die Geschichte der Fugger begonnen hat."

Fotos: Anton Fuchs

Der Herr des Bieres meidet den Rausch

Mit preußischer Disziplin hat der Münchner Dieter Soltmann die Spaten-Franziskaner-Brauerei zu einem modernen Imperium ausgebaut

Dieter Soltmann, Oberhaupt der Münchner Brauer-Dynastie Sedlmayr, setzt gleichermaßen auf Fortschritt und Traditionsbewusstsein.

Von Peter Fahrenholz

München – Nein, wie der typische „Bräu" sieht der Mann nicht gerade aus. Schlank, elegant, eloquent, liebenswürdig und stets braun gebrannt, würde man ihn eher für einen italienischen Conte halten, der in einem Palazzo inmitten seiner Weinberge residiert. Doch Dieter Soltmann lebt in München-Nymphenburg und ist der Herr des Bieres, Oberhaupt des weit verzweigten Sedlmayr-Clans, dem die Spaten-Franziskaner-Brauerei gehört – neuerdings zusammen mit der belgischen Interbrew-Gruppe. Bis zum Frühjahr 2000 hat er als persönlich haftender Gesellschafter die Geschäfte geführt, danach ist er in den Aufsichtsrat gewechselt und hat das Tagesgeschäft seinem Schwager Jobst Kayser-Eichberg überlassen. Seit April vergangenen Jahres ist Soltmann nur noch Aufsichtsrat bei Löwenbräu, aus dem Aufsichtsgremium von Spaten-Franziskaner hat er sich zurückgezogen.

Die Spaten-Brauerei selbst ist noch älter als die Sedlmayr-Dynastie. Sie wird im Jahre 1397 im Steuerbuch der Stadt München als „Welser Prew" erstmals erwähnt. Im Laufe der Jahrhunderte ist die Brauerei aus der Münchner Neuhausergasse dann durch viele Hände gegangen, auch ein Georg Spät war mal der Besitzer und hat der Brauerei ihren endgültigen Namen gegeben. So richtig toll gelaufen ist es aber nicht. Unter den Münchner Brauereien war Spaten lange Zeit das Schlusslicht.

Aufwärts ging es erst, als sich der königliche Braumeister Gabriel Sedlmayr der Ältere im Jahre 1807 den Traum von der Selbstständigkeit erfüllte und die damals ziemlich heruntergekommene und auch für damalige Zeiten unmoderne Brauerei in der Neuhausergasse kaufte. Damit begann eine stürmische Entwicklung. Begünstigt vom explodierenden, sozusagen überschäumenden Bierkonsum wurde modernisiert und erweitert und wieder modernisiert und wieder erweitert. Schließ-

lich wurde die ganze Brauerei ausgelagert. Der heutige Standort gegenüber dem Münchner Circus Krone lag damals noch weit draußen vor den Toren der Stadt, heute liegt die Sudstätte praktisch im Stadtzentrum, was viele Nachteile hat. Doch eine erneute Auslagerung war in der Geschäftsführung nie mehr ein Thema. „Da hätten wir die Heimatadresse verloren", sagt Soltmann, „das wollten wir nie machen."

Im Jahre 1867 war Spaten dann die größte Brauerei Münchens. Da führte schon Gabriel Sedlmayr der jüngere, der Ururgroßvater von Dieter Soltmann, das Regiment. Der hat sich von Anfang an immer für jede technische Neuerung im Brauereiwesen interessiert, unternahm Studienreisen nach England – Britannia galt damals als das Mekka der modernen Braukunst.

In den siebziger Jahren des 19. Jahrhunderts entwickelte Carl Paul Gottfried von Linde, Professor am Münchner Polytechnikum, für die Sedlmayrs die erste Kältemaschine und begründete damit nicht nur sein eigenes Unternehmen, sondern Linde revolutionierte auch das Bierbrauen von Grund auf. Das umständliche Kühlen der Bierfässer in den Kellern mit Natureis, das im Winter beschafft werden musste, um den Sommer über allmählich zu schmelzen, war seither kein Thema mehr.

„Es war", erinnert sich Soltmann, „eine Entwicklung vom Handwerk ins Industriezeitalter – ohne Übergang." Trotzdem war das Bierbrauen auch nach Lindes Erfindung noch ein mühsames und anstrengendes Geschäft. Die Arbeit in den feuchten Kellern oder auf den heißen Darren, wo der keimenden Braugerste die Feuchtigkeit wieder entzogen werden musste, vom Herumwuchten der schweren Holzfässer ganz zu schweigen, war nicht eben gesundheitsfördernd. Dennoch waren die Jobs in den Brauereien begehrt. Sie galten als krisenfest und hatten ja neben der körperlichen Anstrengung auch angenehme Seiten zu bieten. Den „Freitrunk" zum Beispiel. Sechs bis acht Liter bekam damals jeder Arbeiter – pro Tag, versteht sich.

Wer heute durch die Spatenbrauerei geht, spürt davon nur noch wenig. Menschen braucht eine moderne Brauerei kaum noch, die Bierproduktion steuert heute der Computer, und die großen Kessel im Sudhaus haben nur noch aus nostalgischen Gründen eine rotglänzende Kupferhaut. Innen sind sie längst aus Edelstahl. „Wir

Die Sudkessel glänzen zwar noch kupfern, doch ihre Innenhaut ist aus reinem Edelstahl.

dürften eine der modernsten Brauereien sein, die es in Deutschland gibt", sagt Soltmann voller Stolz. Dass es auch anders geht, hat er 1997 gesehen, als Spaten Löwenbräu kaufte – ebenfalls eine traditionsreiche Großbrauerei. Da lag doch einiges im Argen, nicht nur der Geschmack des von einigen Einheimischen gern als „Lätschenbräu" geschmähten Hellen. Den hat Soltmann seither behutsam verändern lassen, ein neues Rezept, eine neue Hopfensorte. „So etwas muss man schleichend machen", sagt Soltmann. Wie sich überhaupt der Biergeschmack gewandelt habe. „Heute trinkt man mildere Biere."

Die Sedlmayrs waren immer mit ihrer Brauerei verwurzelt. Bis zum Kriegsende lebte die Familie, wie fast alle Bierbarone, noch auf dem Brauereigelände, ständig umgeben vom Geruch des Malzes. Bei einem der alliierten Luftangriffe wurde die Villa von Brandbomben getroffen. Doch sein Großvater Heinrich Sedlmayr, damals der Chef, schickte die Feuerwehr wieder weg, erinnert sich Soltmann. Die sollten erst das ebenfalls brennende Betriebsgelände löschen. Ein beinahe preußisches Pflichtbewusstsein scheint im Sedlmayr-Clan stets weitervererbt worden zu sein. „Hasardeure hat die Familie nie gehabt", sagt Soltmann. Dafür ist „Dixi", wie ihn seine Freunde nennen, selber das beste Beispiel. Bei seinem Aussehen und Auftreten – und natürlich mit dem Geld der Familie im Rücken – hätte er gut und gerne ein umschwärmter Lebemann der Münchner Bussi-Gesellschaft werden können. Doch es war völlig klar, dass er mal im Unternehmen landen würde. „Ich habe mich von Anfang an darauf vorbereitet", sagt er. Maschinenbau und Lebensmitteltechnologie hat Soltmann studiert, hat in Hamburg gelernt und in den USA, sich später aber von der technischen Seite ab- und dem Marketing und Vertrieb zugewandt.

Auch die nächste Generation des Sedlmayr-Clans, von dem elf Mitglieder zu den Gesellschaftern der Firma gehören, wird die Brauerei als Familienunternehmen weiterführen. „Die Bindung der Jugend an diesen Betrieb ist ganz deutlich", sagt Soltmann und schwärmt vom Zusammenhalt der Sippe. Die Kernfamilie verstehe sich ausgezeichnet. „Die hocken ständig aufeinander."

Aus seiner Hamburger Zeit hat sich Soltmann eine Schwäche für die kühle Hansestadt bewahrt. Noch größer freilich ist die Liebe zu seiner Heimatstadt München. „Stark verbunden" fühle er sich der Stadt, die ihm immer viel Emotionen gegeben habe. Deswegen sei er stets bereit gewesen, mehr zu tun für die Stadt als andere. Alte Familien haben meist einen Einfluss, der nach außen kaum sichtbar wird. Verbindungen, in Jahrzehnten und Jahrhunderten geschaffen, haben ein weit verzweigtes Netz entstehen lassen. Die Sedlmayrs hatten immer viele Töchter, die gut verheiratet wurden – an Männer, die reich, einflussreich oder am besten gleich beides waren.

Bei Dieter Soltmann, dem Clan-Oberhaupt, ist dieser Einfluss alter Familien sichtbarer geworden. Mehr als acht Jahre lang war er Präsident der Industrie- und Handelskammer für München und Oberbayern und damit eine der wichtigsten Figuren im Wirtschaftsleben der ganzen Region. Dazu die vielen Ehrenämter, beim Tierpark, beim Olympia-Park, beim München-Stift. Wahrscheinlich wäre aus Soltmann auch ein exzellenter Diplomat geworden, so gut sind seine Drähte in alle Richtungen. Mit der rot-grünen Stadtspitze versteht er sich blendend. „Die schönsten Briefe, die ich je zum Geburtstag bekommen habe, stammen von Christian Ude", erzählt Soltmann. Dem Münchner Oberbürgermeister hat er einmal, weil er dessen Anzuggröße nicht genau wusste, gleich zwei knallrote Westen geschenkt, „mit schwarz eingefassten Taschen", fügt er feixend hinzu.

Genauso herzlich ist freilich sein Einvernehmen mit der Spitze des Freistaates. Bei den Auslandsreisen von Ministerpräsident Edmund Stoiber ist Soltmann immer mit von der Partie, seine stets tadellosen Anzüge können offenbar von keinem Koffer der Welt zerknittert werden. Nur mit dem „Freitrunk" von einst könnte der Herr des Bieres nicht mithalten. Er schätzt sein Bier – aber in Maßen. Ein, zwei Gläser vor dem Einschlafen, höchstens.

Fotos: Regina Schmeken, Spaten

Fest im Sattel

Die fränkische Grafenfamilie derer von Castell zu Castell: Von verschwiegenen Hofmeistern und dem Leben im großzügig ausgestatteten Barockschloss

Von Fritz Riedl

Castell – Wallach Garoto, der englische Vollblüter, führt ein schlaues Leben auf den Weiden vor dem Schloss Castell: Fressen, schlafen, fressen, schlafen … Selten nur muss er seinen Reiter tragen. Ferdinand Graf Castell zu Castell bedauert das. Seit ihm sein Vater Fürst Albrecht die Führung des Familienbesitzes anvertraut hat, bleibt kaum mehr Zeit, den Grauen zu satteln.

Dabei wäre es so schön, so praktisch und auch standesgemäß, die fürstlichen Weinberge, die Äcker, Wiesen und Wälder vom Rücken des Pferdes aus zu inspizieren und nach dem Rechten zu sehen. Dafür zu sorgen, dass er das Unternehmen auch einmal in einem „überlebensfähigen Zustand" an seinen Sohn Carl weiterreichen kann. Bis dahin werden noch einige Jahrzehnte vergehen – Carl kam erst im Mai 2001 auf die Welt, mit 54 Zentimetern, weshalb er jetzt schon mit Beinamen „der Große" heißt. Garoto,

den Grauen, wird es dann nicht mehr geben. Aber mit Sicherheit wird die Romanze lebendig bleiben, dass er das Pferd war, das den Grafen im Frühling des Jahres 1994 in einem Drei-Tages-Ritt durch den Schneeregen von Castell nach Eibach auf der Schwäbischen Alb trug – zu seiner Auserkorenen und Liebsten Marie Gabrielle Gräfin von Degenfeld-Schonburg. Im Juli 1999 heirateten die beiden, und jetzt kann die Geschichte des Hauses, einem der ältesten bayerischen Adelsgeschlechter, weitergehen.

Jenseits der unterfränkischen Grenzen ist der Name Castell jedem Schulkind auch wegen des Schreibgeräte-Herstellers Faber-Castell geläufig: Vor rund hundert Jahren ehelichte ein Graf Alexander eine Enkelin des Bleistiftbarons Lothar von Faber. Die Heirat galt bei den richtig Adeligen in Castell zunächst als „nicht standesgemäß". Zwischenzeitlich pflegen die Familien aber die üblichen verwandtschaftlichen und freundschaftlichen Beziehungen. Wirtschaftliche Verflechtungen gibt es keine –

Graf Ferdinand vor dem Wappen der Familie, die Prinzregent Luitpold in den Fürstenstand erhob.

Umgeben von Weinbergen, Wiesen und Wäldern: Schloss Castell.

sieht man einmal davon ab, dass in den Vitrinen im Wein-Verkaufsraum des fürstlichen Domänenamtes die Edelbleistifte mit dem Silberhäubchen zu Werbezwecken ausgestellt werden.

Die eigentliche Geschichte reicht weiter zurück, bis ins Jahr 816, als der Ortsname Castell erstmals in einer Urkunde erwähnt wird. Ein gewisser Rupert de Castello taucht 1057 in einer Urkunde der Würzburger Bischöfe auf. Seit 1205 führte das Geschlecht den Grafentitel, besaß im Herzen des Steigerwaldes ein kleines Territo-

rium und zahlreiche Lehensrechte in der näheren und weiteren Umgebung mit einer Fläche von insgesamt 200 Quadratkilometern und mit etwa 10 000 Untertanen. Die reichsständische Grafschaft bestand bis zum Niedergang des Heiligen Römischen Reiches Deutscher Nation und ging am 25. September 1806 im Königreich Bayern auf. Vor genau 100 Jahren erhob Prinzregent Luitpold zu seinem 80. Geburtstag in Gönnerlaune die Casteller Grafen und ihre Verwandschaft im benachbarten Rüdenhausen in den Fürstenstand.

Ferdinand Erbgraf Castell zu Castell, hier mit „Graf Beagle", kümmert sich um den Wein, der auf 64 Hektar rund um das Familienschloss wächst.

Er würdigte mit dem erblichen Titel vor allem die Verdienste des Grafen Otto, der sein Flügel-Adjudant und Bodyguard war, sowie den Grafen Gustav, seinen obersten Hofmeister. Dessen Diskretion war geradezu sprichwörtlich.

Leider, sonst wüsste man heute vielleicht noch anderes über den mysteriösen Tod von König Ludwig II. – Graf Gustav, der bei der Obduktion des Leichnams dabei war, hat indes seine Erkenntnisse immer für sich behalten.

Bis 1774 verdienten die Casteller Grafen ihr Geld ausschließlich mit dem Wein, der Forst- und Landwirtschaft. Weil zu der Zeit Wuchern und Beutelschneiden ziemlich verbreitet waren, wurde in der Grafschaft die gemeinnützige „Castellsche Landes-Credit-Casse" gegründet, um den Bewohnern Sicherheit und gute Zinsen zu bieten. Erster Kunde war ein Nürnberger Weinhändler, der dort zu einem Zins von fünf Prozent im Jahr stolze 2000 Gulden für sich arbeiten ließ. Das Geldinstitut gibt es heute noch. Als älteste Privatbank Bayerns mit 271

Mitarbeitern in 17 Filialen ist es größer und erfolgreicher denn je. Der Gewinn beträgt im Jahr rund sechs Millionen Euro. Die Entwicklung der Bank, der Land-, Forst- und Weinwirtschaft ist seit dem Ende des Zweiten Weltkriegs vor allem das Verdienst eines Mannes, der jung zur Verantwortung gezwungen wurde und der diese erst spät, jenseits der Siebzig, in jüngere Hände abzugeben bereit war: Fürst Albrecht ist umgezogen, vom Schloss ins Schlösschen, einem für bürgerliche Verhältnisse großzügigen Austragshäuserl. Im Wintergarten ist gut sitzen und erinnern. Der Fürst denkt zurück an die Tage im Juni 1945, als der Krieg aus war und er aus Dänemark heimkehrte. Zwar stand daheim Vieles nicht mehr am alten Platz, aber die Familie lebte, seine Pferde weideten auf der Koppel an der Greuther Straße. Das Warten auf den Vater, der auch in den Krieg gezogen war, beginnt. Vier Monate später erfährt die Familie von seinem Tod. Albrecht, gerade 20 Jahre alt, fühlt sich allein gelassen – mit dem Besitz, den Mitarbeitern, mit seiner Familie.

„Wenn schwierige Entscheidungen zu treffen waren", so erzählt der Fürst, „dann dachte ich an meinen Vater, der für mich immer Vorbild, Beispiel und Autorität gewesen ist. Das hat geholfen." Albrecht, kein Abitur und Leutnant a. D., macht zunächst eine Lehre zum Landwirt in Hessen. „Ich habe zu Hause dann nicht gemolken und gemäht, sondern versucht, für die vielerlei Aufgaben die geeigneten Menschen zu finden." Darüber ist Fürst Albrecht zu der Erkenntnis gelangt, dass der Arbeitgeber „sozial und erfolgreich ist, der die Gaben und Talente seiner Mitarbeiter erkennt und sinnvoll einsetzt". Und mit einem Schmunzeln ergänzt er, „dass es im Leben manchmal auch darum geht, zu erkennen, wozu man nicht geeignet ist".

Zeitlebens hat sich der Fürst an vielen Plätzen engagiert: Bei den fränkischen Reitern, den Bankiers, den Naturweinversteigerern, als Synodaler bei der Evangelischen Landeskirche in Bayern, bei der jüdischen Gemeinde in Würzburg. Nur die Politik war nichts für ihn. „Dort bin ich an meine Grenzen gestoßen und zu der Erkenntnis gelangt, dass ich zu dünnhäutig und nicht schlagfertig genug bin." Es fällt ihm die CSU-Veranstaltung in Obereisenheim ein und seine furchtbare Hilflosigkeit, weil ihn einer wegen seines Standes angegiftet hatte. „Der Schulze-Vorberg hat mich mit dem Fürsten Bismarck und dessen Sozialversicherung herausgehauen. Mir aber wurde klar, dass aus mir nie ein Politiker werden würde."

In die Politik zieht es auch Sohn Ferdinand nicht, der jetzt mit Frau, Sohn und Hund das Barockschloss mitten im Dorf bewohnt. Den 1967 geborenen Juristen beschäftigen ganz andere Dinge, insbesondere die Frage: „Wie bewege ich mich auf einer gemähten Wiese, auf der man es nur noch schlechter machen kann." Der Ehrgeiz, eine eigene Handschrift zu entwickeln, ist deswegen wenig ausgeprägt. Es geht um das Bemühen, sagt Graf Ferdinand, „das Richtige zu tun". Richtig und wichtig ist es für ihn, dass er sich derzeit vor allem um den Weinbau kümmert, den Geschäftszweig, auf dem mit Findigkeit und Engagement noch am ehesten neue Kunden und neue Blumentöpfe zu gewinnen sind.

Der Bank geht's gut. Auf Stürme und ihre zerstörerischen Folgen in seinen Wäldern und auf dem Holzmarkt hat der Graf keinen Einfluss. Die Landwirtschaft hängt am Brüsseler Tropf. Bleibt der Wein, der auf 64 Hektar und in sieben Lagen rund um das Dorf auf zumeist schiefergrusigem, lehmigem Tonboden vortrefflich gedeiht. Viel Zeit für allerlei schöngeistige Visionen ist da nicht, lediglich der Anspruch an sich selbst, „mich um die Dinge zu kümmern, die mir anvertraut sind". Und das ist, außerhalb der Unternehmen, nichts als die eigene Familie, der Wunsch, dass „Graf Beagle" endlich das Apportieren lernt und doch wieder mehr Zeit bleibt für Garoto, den grauen Vollblüter.

Fotos: Wolf-Dietrich Weissbach/Montage: HTS

Gut gefreit, nie gereut

Das Haus Sachsen-Coburg und Gotha ist dank seiner Heiratspolitik mit
Europas Hochadel eng verwandt

Durch die Heirat seines berühmten Urahnen Albert mit der englischen Königin Victoria – der „Großmutter Europas" – im Jahre 1840
ist Andreas Prinz von Sachsen-Coburg und Gotha eng verwandt mit fast allen europäischen Königshäusern. Für die herzogliche Familie
war die Zeit des Regierens mit der Abdankung von Andreas' Großvater Carl Eduard bereits 1918 vorbei.

Das herzogliche Wappen des Hauses Sachsen-Coburg.

Von Christoph Gahlau

Coburg – Die gewohnte Umgebung sollte sich für Andreas Prinz von Sachsen-Coburg und Gotha schon sehr früh verändern. Gerade einmal fünf Jahre war Andreas alt, als er sich auf eine große und vor allem lange Reise begab. Nach der Scheidung seiner Eltern lernt seine Mutter, geborene Victoria Louise Gräfin zu Solms-Baruth, einen US-Soldaten kennen und lieben. Mit seiner Mutter und seinem Stiefvater zieht er 1948 ins große Land der unbegrenzten Möglichkeiten, nach Amerika. Der Beruf seines Stiefvaters war dafür verantwortlich, dass der heutige Chef des Hauses Sachsen-Coburg und Gotha eine „vagabundierende Jugend" verlebte. „Mindestens alle zwei Jahre war ich woanders." Bis zu seinem Schulabschluss besuchte der Prinz des Jahrgangs 1943 zwölf verschiedene Schulen, zwei Universitäten sollten noch folgen.

Die Rückkehr nach Deutschland im Alter von 23 Jahren bezeichnet Andreas Prinz von Sachsen-Coburg und Gotha als „Kulturschock". In den USA wuchs Prinz Coburg, so die dortige Anrede, faktisch ohne die Geschichte seiner Herkunft auf. Seine Verwandten, wie König Carl XVI. Gustav von Schweden oder das englische Herrscherhaus, kennt er zu diesem Zeitpunkt nur aus Erzählungen, aus der Presse und dem Fernsehen.

Überhaupt hat die Familie nach dem Zweiten Weltkrieg schwierige Zeiten erlebt. Große Teile des Grundbesitzes, sowohl in Thüringen als auch in Österreich, lagen im Besatzungsgebiet der Roten Armee. In Thüringen wurde das Haus Sachsen-Coburg und Gotha zwangsenteignet. 1996 gelang es dem Herrscherhaus, 2000 Hektar des ehemaligen Privatbesitzes zunächst zurück zu kaufen. Nach langwierigen Verhandlungen wurde aber erst in den letzten Jahren Einigung mit der Bundesrepublik Deutschland und dem Freistaat Thüringen erzielt. Rund 9000 Hektar Land erhielt das Haus Sachsen-

Coburg und Gotha schließlich vom Staat zurück. Darüber hinaus verpflichtete sich die Herzogliche Kunststiftung, auf eine Klage zur Rückgabe des Kunstbesitzes zu verzichten. Mit den Vertragspartnern wurde zudem vereinbart, dass die Kunstgegenstände weiter für die Öffentlichkeit zugänglich sein müssen. Etwas einfacher gestaltete sich die Lage in Österreich: Bereits 1958 wurde dort dem Herzoghaus der Besitz zurückgegeben.

Die stürmischen Zeiten sind mittlerweile vorbei. Bedächtig sitzt Andreas Prinz von Sachsen-Coburg und Gotha hinter seinem Schreibtisch. Doch diese Anrede ist dem Prinzen zu lang. „Sagen Sie einfach Prinz Coburg oder machen Sie es wie die Coburger und Gothaer, die sagen nur Prinz Andreas." Sein Großvater Carl-Eduard hat 1918 eine Erklärung unterschrieben, die faktisch den Thronverzicht bedeutete. Auch wenn seit diesem Zeitpunkt die Regierungstätigkeit wegfällt, so bedeutet dies nicht, dass das Oberhaupt des Herzoghauses Sachsen-Coburg und Gotha nun ohne Arbeit wäre. „Drei Wochen Urlaub am Stück sind nicht drin", berichtet er. Ähnlich wie ein Manager muss sich auch Prinz Coburg durch zahlreiche Aktenordner und Schriftstücke auf seinem Schreibtisch wühlen. Unter der Woche kommt er meist nicht dazu.

Die umfangreichen Forstgebiete, vor allem in Thüringen und Österreich, müssen ebenso betreut werden wie die immer wieder anfallenden Renovierungs- und Umbauarbeiten auf Schloss Callenberg, der früheren Sommerresidenz der Familie. Hier fand 2001 eine Ausstellung zum 100. Todesjahr von Königin Victoria (1819-1901) statt. Liebevoll bezeichnet Prinz Coburg sie als „Großmutter Europas". Für das Herzoghaus Sachsen-Coburg und Gotha stellt die Heirat von Prinz Albert mit seiner Cousine, Königin Victoria, im Jahr 1840 den Höhepunkt der geschickten Hochzeitspolitik des Hauses dar. „Königin Victoria war bei weitem nicht so prüde, wie

Das Albert-Standbild auf dem Marktplatz von Coburg.

ihr nachgesagt wird", sagt Prinz Coburg. Schmunzelnd fügt er hinzu: „Denn sonst hätte sie keine neun Kinder geboren". So gesehen sind Albert und Victoria verantwortlich dafür, dass König Juan Carlos von Spanien, Prinz Philipp von Belgien oder die Herrscherhäuser in Schweden, Norwegen und Dänemark zur Familie zählen.

Nach den beiden Weltkriegen wurden viele Königshäuser zum Abdanken gezwungen. Einige, wie König Simeon von Bulgarien, ein Vetter von Andreas Prinz von Sachsen-Coburg und Gotha, mussten ins Exil gehen. Doch die politische Situation in den Ländern Osteuropas hat sich in den vergangenen Jahren dramatisch gewandelt. Simeon ist in seiner Heimat wieder an die Macht gelangt. Er gewann 2001 die Parlamentswahlen und wurde zum Ministerpräsidenten gewählt. Im Gegensatz zu seinem bulgarischen Vetter hegt der Chef des Hauses Sachsen-Coburg und Gotha keine politischen Ambitionen. Zwar gehörte der Prinz zwischen 1996 und 2002 für die CSU dem Coburger Stadtrat an. Ein weiteres Engagement über die Kommunalpolitik hinaus, lehnt der Prinz aber ab.

Insgesamt sieht Prinz Coburg die Politik mit äußerst kritischen Augen. „In den Parlamenten wird zu viel geredet", kritisiert er. „Die Entscheidungen müssten schneller getroffen werden." Ein wenig ironisch fügt er hinzu: „Vielleicht bin ich nicht der richtige Politiker." Gelegentlich macht Andreas Prinz von Sachsen-Coburg und Gotha sich Gedanken darüber, warum nicht, wie etwa in Schweden, auch hier ein konstitutioneller Monarch das Amt des Bundespräsidenten ausübt. „Das Gezänk bei der Wahl von Johannes Rau hat dieses Amt beschädigt." Voraussetzung sei natürlich, dass ein „königlicher" Bundespräsident nicht mehr kosten darf als ein „bürgerlicher".

Einige Jahre noch wolle er die Leitung des Herzoglichen Unternehmens inne haben, dann möchte er sie an seinen Sohn, Erbprinz Hubertus, weiter geben. „Vor der Übernahme der Leitung soll Erbprinz Hubertus im Berufsleben noch Erfahrungen sammeln. Andererseits will ich nicht erst dann das Zepter weitergeben, wenn es eigentlich schon zu spät ist." Prinz Alexander, der Jüngste der herzoglichen Familie, wird im oberösterreichischen Schloss Greinburg in die praktischen Kenntnisse der Forstwirtschaft eingewiesen und ausgebildet. Prinzessin Stephanie, das älteste der drei Kinder, kümmert sich im Hause um die Bürokommunikation.

Auch wenn die herzogliche Familie schon seit über 80 Jahren nicht mehr regiert, hat sie doch eine Vielzahl an repräsentativen Aufgaben zu erfüllen. Als „Neben-Oberbürgermeister" von Coburg versteht sich Prinz Coburg allerdings nicht. Dazu ist sein Terminkalender viel zu voll. Und wenn doch einmal Zeit für Hobbys bleibt, dann geht der Prinz auf die Jagd oder er setzt sich in seinen Mercedes: „Früher liebte der Adel die schnellen Pferde, heute sind es die schnellen Autos."

Fotos: Reinhard Feldrapp

„Diese romantische Tour liegt mir nicht"

Gräfin Maria Theresia, Enkelin des letzten bayerischen Monarchen, hat für König Ludwig II. wenig übrig

Gräfin Maria Theresia in ihrer Bibliothek. Sie war die Enkelin von König Ludwig III. und Königin Maria Theresia.

Von Sebastian Beck

Moos – Frau Gräfin lächelt, wenn sie daran zurück denkt. An jenen Tag, als sie mit ihrem Bruder König und Königin spielte. Die Erzieherin kam ins Zimmer und sagte einen Satz, mit dem sich eine neue Welt auftat: „Eure Großeltern waren selbst Könige." Da stand die kleine Maria Theresia und staunte mit offenem Mund. „Ich hatte ja keine Ahnung davon gehabt." Nun wusste sie: Ihr Großvater war Ludwig III., Bayerns letzter Monarch. Mehr als 70 Jahre ist das her, und aus dem Kind ist die Gräfin von und zu Arco-Zinneberg geworden, Herrin auf Schloss Moos bei Deggendorf in Niederbayern, einem Prachtbau im Renaissance-Stil aus dem Jahr 1619.

Es gleicht einem Kitschfilm, doch hier ist alles echt: die preisgekrönten Araber-Pferde auf der Wiese ebenso wie der wilde Wein an der Schlossmauer oder die ölschweren Ahnenbilder im roten Salon. Im Sommer ist es schön kühl in dem Gemäuer, im Winter aber zieht es eisig durch die 80 Zimmer, die überquellen von Kunstschätzen, Jagdtrophäen und Erinnerungen. Ganz allein wohnt die Gräfin im Zauberschloss, umsorgt von einem guten Dutzend Angestellten. Zusammen hüten sie das Erbe einer ganzen Dynastie, kämpfen gegen undichte Dächer und nasse Grundmauern. So ein Haus verfällt sehr schnell. Unsummen hat die Familie deshalb schon in die Renovierung gesteckt, die nie enden will. „Ich muss alles erhalten, um es weitergeben zu können", sagt die Gräfin pflichtschuldig. „Ich fühle mich als Glied einer Kette."

Wie Buschwerk, so undurchdringlich geworden ist der Stammbaum derer von Arco in all den Jahrhunderten. „Katholisch-Uradel" heißt es unter der Rubrik Arco in einem Handbuch des bayerischen Adels. Bis zum 7. August 1124 lässt sich die Geschichte des Geschlechts urkundlich zurück verfolgen. Riprandus de Arcu

beherrschte damals die Stadt Arco am nördlichen Ufer des Gardasees. Die berühmte Burg hoch auf dem Felsen inspirierte später den Maler Albrecht Dürer; heute ist ihre Ruine Ausflugsziel für Tausende von Touristen. Im 19. Jahrhundert spaltete sich die Familie in die zwei Stämme Arco-Zinneberg und Arco-Valley auf. Letzterem gehörte auch Anton von Arco-Valley an, der am 21. Februar 1919 in München den bayerischen Ministerpräsidenten Kurt Eisner erschoss.

In Gräfin Maria Theresia vereinigen sich gleich drei Adelsgeschlechter: die Wittelsbacher, die Grafen von Preysing-Lichtenegg-Moos und die Grafen Arco-Zinneberg. Trotzdem, versichert sie, habe sie den Überblick über ihre Verwandtschaft behalten. Man darf ihr das glauben, denn sie ist eine belesene Frau mit großer Bibliothek. Die Geschichte der Wittelsbacher musste sie schon früh studieren, schließlich war ihre Mutter Gundelinde Prinzessin von Bayern, Tochter König Ludwigs III.

Weil Adelige ganz normale Menschen sind, gab es in der Großfamilie auch ein schwarzes Schaf: Es war Ludwig II., der Cousin ihres Großvaters Ludwig III. Für den Märchenkönig hat die Gräfin nur wenig übrig. „Diese romantische Tour liegt mir nicht", gesteht sie. „Er hat sich um die Regierung überhaupt nicht gekümmert." Obendrein ließ sein Benehmen zu wünschen übrig, was sie mit einer Anekdote belegt: Als ihre Großmutter in den Wehen lag, sprangen plötzlich die Türen auf und König Ludwig II. platzte ins Zimmer rein – einfach mal so. „Er hat da keine Rücksicht drauf genommen." Seinen Cousin und späteren Thronfolger konnte Ludwig II. nicht ausstehen: Als flach und geistlos schmähte er den Großvater der Gräfin; bei Hof erteilte er ihm mehrmals Hausverbot. Größer hätten die Unterschiede zwischen den beiden wohl kaum sein können: Hier der durchgeknallte Schlösserbauer, dort der amusische Viehzüchter, der sich für Fragen der Wirtschaft interessierte.

Der König präsentiert sich inmitten seiner Familie. Ganz links sitzt Gundelinde, Tochter des Königs und Mutter von Gräfin Maria Theresia.

Ludwig III. war bereits 69 Jahre alt, als er 1913 den Thron bestieg. Zuvor wurde eigens die Verfassung geändert, damit der geistig umnachtete König Otto I. abgesetzt werden konnte. Prinzessin Gundelinde, die Mutter der Gräfin, musste ins Schloss Fürstenried fahren, um sich vom hoffnungslosen Zustand Ottos zu überzeugen. „Er wirkte mit seinem verzerrten Blick wie ein Tier", erzählte sie Jahre später, „doch als er gestorben war, da

war er ein wunderschöner Mann." Die Regentschaft Ludwig III. war kurz und glücklos: Als Deutschland 1918 den Krieg verlor und in Bayern die Arbeiter- und Soldatenräte die Macht übernahmen, musste er abdanken; 1921 starb er. Ein Jahr darauf kam Maria Theresia zur Welt. Ihre Mutter Gundelinde hatte 1919 Graf Georg von Preysing-Lichtenegg-Moos geheiratet, und auf dessen Schloss wuchs Maria Theresia auf.

Trotz des Endes der Monarchie genoss sie eine geradezu königliche Erziehung – „sehr altmodisch" sei das gewesen, findet sie heute: Privatschule, Privatlehrerin, ein Kinderfräulein aus England, Reisen nach Holland, Belgien und in die Schweiz. Zu Kindern aus dem Dorf Moos hielt man Abstand. Nur einmal zweifelte sie kurz an ihrem vorgegebenen Weg: „Als junges Mädchen habe ich die Vorstellung gehabt, ich würde gerne Schauspielerin sein." Undenkbar für eine Adelige – damals jedenfalls.

Undenkbar war für die Familie aber auch das Paktieren mit den Nazis: „Meine Mutter war streng gläubige Katholikin", sagt die Gräfin und klingt dabei fast entrüstet. Nur zu gut erinnert sie sich noch daran, wie ihre Mutter reagierte, als Adolf Hitler die beiden Kinder 1932 zum Kaffeetrinken einlud: Die Familie war zu Kronprinz Rupprecht nach Berchtesgaden gefahren, Maria Theresia und ihr Bruder schauten dem Chauffeur zu, wie er den Wagen wusch. Hitler, der schon damals ein Haus in Berchtesgaden hatte, kam zufällig vorbei und erkannte im Chauffeur einen Kameraden aus dem Weltkrieg. Alle zusammen gingen in einen Gasthof – Himmler und Göbbels waren auch dabei. Ein Mercedes-Manager machte Fotos von der Runde. Als Gundelinde davon erfuhr, ließ sie den Fotografen kommen: Er musste die Bilder vor ihren Augen zerreißen. 1940 heiratete Maria Theresia – gerade einmal 17 Jahre alt – Graf Ludwig von und zu Arco-Zinneberg, der zwei Jahre später im Krieg fiel. Danach vermählte sie sich mit dessen Bruder Ulrich. Als er 1980 starb, wurde es allmählich still in Moos: Maria Theresias Sohn Riprand, der neue Schlossherr, gründete eine Immobilienfirma in den USA. Die Verwaltung der ererbten Güter in Bayern, das alleine wäre ihm zu langweilig gewesen. Seine Mutter zeigt Verständnis für die Entscheidung: „Hier hätte er sich nicht entfalten können."

Widmet sich dem Züchten von Araber-Pferden: Gräfin Maria Theresia von und zu Arco-Zinneberg.

So lebt sie nun allein, aber nicht einsam auf Schloss Moos und widmet sich ihrer großen Leidenschaft: dem Züchten von Araber-Pferden. Im Sommer bekommt sie Besuch von ihren Enkelkindern; im Herbst lädt Graf Riprand zu den traditionellen Jagdgesellschaften ein. Ob er eines Tages in seine Heimat zurückkehren wird? „Sicher", antwortet sie ohne zu zögern. Bis dahin wird die Gräfin die alleinige Statthalterin auf Schloss Moos sein und die Tradition der Familie fortführen. „Ich hoffe", sagt sie, „dass ich ein gutes Glied in der Kette bin."

Maria Theresia Gräfin von und zu Arco-Zinneberg starb am 14. September 2003 im Alter von 81 Jahren auf Schloss Moos. *Fotos: SZ-Archiv/Gerard*

Lust auf die Passion

Die Stückl-Familie in Oberammergau und ihre generationsübergreifende Leidenschaft für das Theater

Von Angelika Hoch

Oberammergau – „Der Christian war schon als Kind theaterbesessen", erzählt Roswitha Stückl über ihren Sohn. Aus ihrem Mund ist das ein Lob. Denn die ganze Familie ist von der Theaterleidenschaft infiziert. Der 1961 geborene Christian Stückl ist allerdings der erste aus der Oberammergauer „Theatererfamilie", der sich weit über seinen Heimatort hinaus einen Namen als Regisseur gemacht hat. Seit Generationen gehören Theater und Musik bei den Stückls untrennbar zum Familienleben, und beim international beachteten und gerühmten Oberammergauer Passionsspiel 2000 spielten gleich vier Stückl-Generationen im Alter zwischen 78 und zwei Jahren mit. Die Stückls sind eine der Familien, die in Oberammergau Kultur und Theater entscheidend gestalten – und sich auch politisch durchsetzen können.

Christians Urgroßvater Benedikt Senior (1899-1965) übernahm bereits mehrere Hauptrollen in den Passionsspielen seiner Zeit, spielte zudem Tuba und war Mitglied im Musik- und im Gesangsverein. Von 1959 bis zu seinem Tod 1965 war er Landrat im Kreis Garmisch-Partenkirchen. Sein 1924 geborener Sohn Benedikt junior führte die Theatertradition mit Enthusiasmus, aber auch gegen manche Widerstände weiter. Für das Passionsspiel 1950 „war er der ideale Christus-Kandidat", erzählt Benedikts Sohn Peter, Jahrgang 1944. Doch diese Rolle durfte sein Vater nicht übernehmen. Nicht mangels Talent, sondern wegen des „falschen"

Glaubens seiner Frau. Die nämlich war evangelisch. Das schloss nach Ansicht des katholischen Pfarrers aus, dass ihr Ehemann als Sohn Gottes auf der Passionsbühne stehen könnte. Benedikt spielte den Kaiphas.

Wenn die Passion das geistige Zentrum der Theaterleidenschaft bei den Stückls ist, dann ist das Gasthaus „Rose" das weltliche. Christians Eltern Roswitha und Peter haben das Wirtshaus bis 1995 betrieben. Die gemütliche bayerische Wirtschaft ist seit eh und je wichtiger Treffpunkt für „Passioner" und Theaterer im Ort. „Ich bin praktisch in der ‚Rose' aufgewachsen", erzählt Sohn Christian. Schon als Kind hat er deshalb aus den oft heftigen Wirtshausdiskussionen über Stücke und Inszenierungen, Organisation und Finanzen und natürlich aus den Auseinandersetzungen zwischen Reformern und Traditionalisten über das Passionsspiel hautnah erlebt, was so alles zur Theaterwelt gehört. Seine Eltern wissen noch, dass er mit acht Jahren im Ort als wahrer „Bühnenschreck" galt. Überall hat er sich im Laientheater herumgetrieben und sich verbotenerweise in ein „Lebendes Bild" beim Passionsspiel geschlichen.

1990 und 2000 hielt er sich dort dann ganz legal auf – als Spielleiter der Passion. Und jetzt gilt er nach dem berühmten Passionsreformer Hans Schwaighofer (1920 – 2000) als der Mann, der das Passionsspiel in Oberammergau wiederum erneuert hat. Heftige Auseinandersetzungen hatte es schon seit langem im Dorf gegeben zwischen den Traditionalisten, die die Passion weitge-

hend in Form und Aussage belassen wollten, und den Reformern mit Christian Stückl an der Spitze. Er plädierte für den ganz alten Text aus dem Jahr 1750, geschrieben von dem Ettaler Mönch Ferdinand Rosner. Christian Stückl wehrte sich gegen die Vorlage aus dem Jahr 1860 von Joseph Alois Daisenberger vom leidenden Christus. Rosner dagegen stellte Jesus als Kämpfer, fast als Revolutionär dar. Durchsetzen konnte sich Stückl, trotz Unterstützung durch seine Familie, zunächst nicht, aber wenigstens die antijüdischen Passagen aus dem Daisenberger-Text wurden entfernt. Zehn Jahre später gelang den Reformern um Stückl der Durchbruch.

Spross Christian war immer schon äußerst hartnäckig. Als Fünfzehnjähriger bewarb er sich um die Rolle des Kaiphas bei den Passionsspielen, doch der damalige Spielleiter hielt ihn für zu jung. „Dann mache ich eben selbst Theater", sagte er sich und baute mit neunzehn eine Jugendtheatertruppe auf. Er inszenierte Molières „Der eingebildete Kranke" und den „Sommernachtstraum". Mit dem Shakespeare-Stück kam der ganz große Erfolg: Bei einer der Aufführungen befand sich der Journalist und Autor Erich Kuby unter den Zuschauern. Kuby war begeistert und berichtete dem Intendanten der Münchner Kammerspiele, Dieter Dorn, von seiner Entdeckung.

Damit begann Christians Karriere als Regisseur. Aber vier Jahre München, ein weiteres Jahr Theater in Indien in Zusammenarbeit mit dem Goethe-Institut, freie Regiearbeiten in Wien, Bonn, Karlsruhe und Hannover änderten nichts an Stückls tiefer Verbundenheit mit seinem Heimatdorf und mit der Passion: „Oberammergau

Urgroßvater Benedikt Stückl spielt seit 1950 bei der Oberammergauer Passion mit. 1950 begann er als Kaiphas (kleines Foto oben) und gab im Jahr 2000 den Annas (auf dem großen Foto links). Bei der Passion waren alle Stückls dabei: Sohn Peter (oben links), Enkelin Renate (hintere Reihe von links), Urenkel Gregor, Urenkelin Elisabeth, Enkel Christian, der Regisseur der Passion, Urenkelin Monika (vorne links), Schwiegertochter Roswitha und Urenkel Michael.

gehört zu mir, das muss ich machen." Immer bestand der Kontakt zur alten Theatertruppe. Und dann kam der Bürgerentscheid von 1996. Vergeblich versuchten die Stückls, die Oberammergauer vom Rosner-Text zu überzeugen. Aber Christian durfte die Daisenberger-Version vom Leben und Leiden Christi umschreiben. Jetzt war Jesus nicht mehr der nette Gottessohn, sondern der kraftvolle, revolutionäre Streiter für seine Religion. Christian Stückl errang im Jahr 2000 mit seiner neuen Inszenierung große internationale Anerkennung. Im Sommer hatte er mit Ruth Drexel, der er ein Jahr später als Volkstheater-Intendant in München nachfolgte, die Tiroler Volksschauspiele in Telfs inszeniert.

Aber die nächste Stückl-Generation für die Passion steht schon bereit, obwohl sie eher in die Fußstapfen von Christians Vater Peter tritt. Der begann seine Passionskarriere 1950 als Darsteller im „Volk". Schon von Kind an hatte er mitgemacht bei den Übungsspielen, sang im Jugend- und später im Männerchor. Mit 17 Jahren „war ich der jüngste Bass im Passionschor", erzählt er. Der Enkel Gregor stand im Jahr 2000 mit sechzehn Jahren ebenfalls als jüngster Bass-Sänger auf der Passionsbühne. Gregor gilt als „Jubiläumskind", ist er doch 1984 geboren, als die Oberammergauer das 350-jährige Bestehen ihrer Passion feierten.

Er und seine drei Geschwister haben natürlich alle bereits beim Spiel mitgewirkt und stehen ihren Vorfahren in ihrer Begeisterung für Theater und Musik nicht nach: Der 1988 geborene Michael spielt Klavier, Monika, seine drei Jahre jünger Schwester, Klavier und Flöte, und Elisabeth, 1998 als jüngster Spross der Stückl-Familie geboren, hat 2000 ihr Bühnendebüt auf dem Arm ihrer Mutter bei den Volksszenen der Passion absolviert. Für Monika steht jetzt schon fest, dass sie beim Passionsspiel 2010 auf jeden Fall die Maria spielen will. Diese Rolle gab sie erstmals mit vier Jahren beim Krippenspiel, und

im gleichen Alter sang sie ihr erstes Solo bei der Kindermesse. „So kommen die Kinder rein", sagt Großmutter Roswitha. Rein kommen sie natürlich auch durch die „Rose", in der die jüngsten Stückls mit Wirtin und Mutter Renate aufwachsen. Um den Fortbestand ihrer Theatertradition muss sich die Familie also keine Sorgen machen. Und die Alten halten noch locker mit. Der 78-jährige Benedikt übernahm bei den Passionsspielen 2000 als Annas mit 78 Jahren wochenlang den Part seiner erkrankten Doppelbesetzung und hielt die Anstrengung problemlos aus. Das künstlerische Urteil in Oberammergau: „Uropa Stückl hat alle in Grund und Boden gespielt." *Repros: Angelika Hoch*

Goldgrube Chiemsee

Am 25. Februar 1848 begann mit dem Schifffahrtsmonopol der unaufhaltsame Aufstieg
der Familie Feßler

Von Hannes Krill

Prien – Michael Feßler ist ein Glückspilz, und das liegt nicht nur an seinem Büro. Wenn der 1967 geborene Jungunternehmer aus dem Fenster schaut, dann sieht er den Chiemsee und die Berge. Gleichzeitig hat Feßler einen fabelhaften Überblick über das Familienimperium und die aktuelle Geschäftslage: Links an der Uferpromenade steht das feine „Hotel Luitpold". Direkt davor hält die Chiemseebahn, die letzte funktionstüchtige Dampfstraßenbahn der Welt. Das antike Dampfross – Baujahr 1888 – befördert im Sommer jede Menge Touristen vom Priener Bahnhof zum Hafen. Und vorne an den Stegen warten schon die Ausflugsdampfer der Chiemsee-Flotte auf die Massen.

Am frühen Morgen, bevor der Trubel losgeht, schweift Michael Feßlers Blick vom Büro gelegentlich zufrieden über das glitzernde Wasser des Sees. Der gehört zwar eigentlich dem Freistaat Bayern, aber die „Chiemsee-Schifffahrt Ludwig Feßler KG" hat ihn gegen Zahlung einer Nutzungsgebühr scheinbar für immer okkupiert und quasi zum natürlichen Grundkapital des Familienbetriebs gemacht. „Und drüben auf der Herreninsel", lacht Feßler junior und deutet zufrieden aus dem Fenster, „hat uns König Ludwig II. dann noch dieses wunderbare Schloss hingestellt." Touristen aus aller Welt sind ganz verrückt danach. Auch daraus lässt sich trefflich Kapital schlagen. Die Feßler-Flotte hat dafür seit Wittelsbacher Zeiten die Exklusivrechte. Nur ihre Linienschiffe dürfen die Inseln regelmäßig ansteuern. Glück muss der Mensch haben – und den richtigen Riecher.

Zur richtigen Zeit am richtigen Ort zu sein, hat in der Feßler-Dynastie Tradition. Das erklärt auch, warum aus gutbürgerlichen Großstadtmenschen und notorischen Landratten vor gut 150 Jahren ein verschworener Clan ausgefuchster Seefahrer geworden ist. Und es erklärt, warum Juniorchef Michael Feßler, der Diplomingenieur ist, jetzt nicht in einem nüchternen und auf Funktionalität getrimmten Büro bei BMW oder MTU sitzt, sondern zusammen mit Vater Ludwig, Tante Irmingard und Schwester Birgit den Familienbetrieb in der fünften Generation managt.

Dass alles so gekommen ist, liegt an einem Auftrag, der sich der Münchner Kupferschmiedemeister Joseph Feßler anno 1843 auf keinen Fall durch die Lappen gehen lassen wollte. Der Schmied baute den Kessel für den ersten Chiemsee-Dampfer. Sechs Jahre, bevor auf dem Starnberger See 1861 der erste Schaufelraddampfer „Maximilian" in Dienst gestellt wurde, stach das namenlose Schiff, eine 20 Meter lange Konstruktion aus Fichtenholz, am 12. Mai 1845 in Feldwies zur Jungfernfahrt in See. Ein Schnelldampfer für den Kampf ums Blaue Band war der Pott aber nicht. Die Nonnen im Benediktinerkloster auf der Fraueninsel notierten damals im Tagebuch der Abtei ziemlich unbeeindruckt und fast spöttisch: „Heute landete zum ersten Male das Dampfschiff auf seiner Probefahrt dahier beim Klostersteg an;

Die Feßlers in einem Boot: Juniorchef Michael Feßler, Seniorchef Ludwig (beide stehend hinten von links), Ludwigs Schwester Irmingard Feßler (Mitte), seine Tochter Birgit (vorne links) und seine Frau Ingrid.

um 2 Uhr fuhr es nach Herrenchiemsee ab. Es ging sehr langsam, so dass ihm die gewöhnlichen Schiffe leicht nachfuhren und es einholten."

Der Konstrukteur, Eigner und Kapitän des Dampfers, der Zimmermann Wolfgang Schmid aus Grassau, verlor denn auch rasch die Lust am Dasein als Schifffahrts-Pionier. Schuld daran waren vor allem die horrenden

Rechnungen für die ständigen Reparaturen an Feßlers Dampfkessel. Sie zehrten die Einnahmen auf und schmälerten den Gewinn der Zimmerei. Das ging dem wackeren Handwerker gewaltig gegen den Strich. Also verkaufte er das Schiff. Den Zuschlag bekam just der Kesselbauer Joseph Feßler, dessen Reparaturtrupps am Chiemsee ohnehin längst Dauergäste waren.

Der Senior zeigt das Modell des spektakulärsten Schiffs der Flotte, das seinen Namen trägt. Der 1926 gebaute Raddampfer für 685 Passagiere wurde mittlerweile auf Dieseltechnik umgerüstet.

Am 25. Februar des Jahres 1848 luchste der neue Schiffsbesitzer König Ludwig I. höchstpersönlich das Monopol für die Dampfschifffahrt auf dem Chiemsee samt Bewirtungsrechten ab. Es war der Beginn einer wunderbaren Leidenschaft und eine Zeit, als die Seefahrt auf dem bayerischen Meer noch ihre Tücken hatte. Wenn damals im Unwetter das Holz zur Neige ging, dann konnte es passieren, dass der Kapitän – um eine Katastrophe zu verhindern und genügend Dampf für die Fahrt gegen den Sturm zu haben – die hölzernen Sitzbänke des Schiffes verheizen ließ.

Heute, 150 Jahre später, ist das nicht mehr zu befürchten. 1972 ging auch auf dem Chiemsee die Ära der Dampfschifffahrt zu Ende. Damals bekam das schönste und älteste Schiff der Flotte, der 1926 gebaute Raddampfer „Ludwig Feßler". in der firmeneigenen Werft eine moderne Dieselhydraulik-Anlage mit zwei MAN-Motoren. Die Dampfmaschine wanderte ins Museum. Aus der winzigen Schifffahrtsfirma für unfreiwillige Abenteuerreisen von einst war da längst ein durchrationalisiertes und lukratives Dienstleistungsunternehmen mit weitläufigem Immobilienbesitz und einer 15-Prozent-Beteiligung an der Seebühne bei Felden geworden.

Von solchen Erfolgen kann die staatliche Seenschifffahrt nur träumen. Deshalb war Seniorchef Ludwig Feßler nicht sonderlich verwundert, dass Bayerns früherer Finanzminister Georg von Waldenfels einst ernsthaft versucht hatte, den Feßlers die Privatisierung und Übernahme des chronischen Verlustbringers aufzuschwatzen. Doch die Familie hat dankend abgewunken. Nicht einmal geschenkt würden sie sich den Schifffahrtsbetrieb auf dem Starnberger See und dem Ammersee aufhalsen, sagt Feßlers Sohn Michael: „Dort gibt es kein einziges Ziel, das nur mit dem Schiff zu erreichen ist. Deshalb ist das für uns wirtschaftlich uninteressant." Zur Flotte der Feßlerschen Familien-KG gehören zwölf Schiffe mit einer Gesamtkapazität von 5400 Plätzen. Die Dampfer schippern jährlich rund eine Million Fahrgäste über den See. Flaggschiff ist der Liniendampfer „Edeltraud" mit 1000 Plätzen, der 1970 vom Stapel lief. Als Aushängeschild und Werbeträger dient der Raddampfer „Ludwig Feßler". 60 angestellte Mitarbeiter halten die Flotte in Schuss. 25 Kapitäne steuern sie.

Doch der Erfolg ruft auch Neider auf den Plan. Immer wieder versuchen Konkurrenten, das Linien-Monopol der Dynastie zu knacken. Aber die Familie verteidigt ihre Bastion entschlossen. Über die ständigen Mäkeleien bestimmter Kreise an der Monopolstellung der Feßler-KG kann Firmen-Senior Ludwig Feßler nur den Kopf schütteln: „Wir sind verpflichtet, auch schwach frequentierte und unrentable Strecken zu bedienen, und zwar das ganze Jahr." Aber das wollen die Herausforderer und potenziellen Konkurrenten nicht. Deshalb haben die Feßlers in diesem Seekrieg die besseren Karten. Und deshalb muss sich die Konkurrenz mit gelegentlichen Vergnügungsfahrten für Festgesellschaften begnügen.

Senior Ludwig Feßler, Jahrgang 1941, vertraut bei dem Gerangel mit seinen Kritikern ganz auf den tadellosen Ruf des Unternehmens und auf seine exzellenten Kontakte zu den richtigen Leuten in Politik und Ministerien. Und dann gab es da bis vor kurzem ja noch Feßlers einflussreichen Jugendfreund Lorenz Kollmannsberger. Der schlitzohrige CSU-Politiker war seit Urzeiten Bürgermeister der Marktgemeinde Prien und eine Art ungekrönter Chiemgau-Meister im Strippenziehen. Selbst ein Rathaus-Mandat anzustreben, hielten die Feßlers deshalb für überflüssig, solange Freund Kollmannsberger im Priener Rathaus in ihrem Sinne die Weichen stellte. Senior Ludwig Feßler sagt über diese Zeit nur diplomatisch: „Ich bin ein ziemlich unpolitischer Mensch." Und Sohn Michael hat bei einem kurzen Gastspiel im Priener JU-Vorstand angeblich einst erkannt: „In der Wirtschaft wird schneller und qualifizierter entschieden." Trotz dieser Erkenntnis sicherte sich Feßler junior im März 2002 rechtzeitig einen Sitz im Priener Marktgemeinderat. Es war just die Stunde, als die Wähler den Rathauschef und Feßler-Freund Kollmannsberger per Stimmzettel aus dem Amt jagten. Beim Blick in die Zukunft ist den beiden Firmenlenkern also nicht allzu bange. Außerdem hat einer dieser klugen Klimaforscher kürzlich herausgefunden, dass der Chiemsee angeblich frühestens in ein paar tausend Jahren verlanden wird. „Sie sehen", schmunzelt Feßler der Ältere, „die Existenzgrundlage für die nächsten Generationen ist gesichert."

Fotos: Günter R. Müller

Napoleons Wundheiler

In der Regensburger Familie Pförringer üben die Männer seit mehr als
200 Jahren den Beruf des Arztes aus

Von Horst Hanske

Regensburg – „Mein Vater kommt eben aus München,
und der Großvater ist auch schon für das Foto bereit",
sagt Dominik Pförringer, 1979 geboren und Student der
Medizin. Er öffnet das schwere Eichentor des „Pförrin-
gerhauses", in dem die Männer der Familie seit mehr als
zwei Jahrhunderten kontinuierlich den Arztberuf
ausüben. Wolfgang Pförringer, Professor für orthopädi-
sche Chirurgie in München, kurvt mit seinem Mercedes
in die Einfahrt, wo ehemals die Pferdekutsche halt
machte. Dr. Ernst Pförringer, Jahrgang 1914, kommt
fröhlich die breite Treppe herab, eine Zigarette in der
Hand. „Großvater, ein Mediziner sollte besser ohne Zigarette fotografiert werden" – „Wennst moanst, Bua", sagt
der alte Herr amüsiert und drückt die Zigarette aus.

Das „Pförringerhaus" an der Donau, am Ende des
Weißgerbergrabens, ist ein Stück bayerischer Medizinge-
schichte. An diesem Platz übten schon anno 1318 Bader
ihr chirurgisches Handwerk aus. 1757 erwarb dann der
Bader und geschworene Stadtchirurg Johann Leonhard
Staudt das Haus und das darauf liegende Recht zum
Betreiben einer Badestube. Gerade in dieser Zeit
entwickelte sich neben den Ärzten der Stand der Chirurgen, die allerdings als Handwerker weniger geachtet
waren. Denn die Chirurgie wurde einst von umherzie-
henden Gauklern, Zahnbrechern, Bruch- und Stein-
schneidern auf Jahrmärkten angepriesen und vor stau-
nendem Volk praktiziert.

1767 ließ Staudt das alte Badehaus bis auf die Grund-
mauern abbrechen und an dessen Stelle einen Neubau im
Louis-seize-Stil errichten. 1799 verkaufte er Haus und
„Badegerechtigkeit" für 3000 Gulden an seinen ehemaligen Lehrling und späteren Gehilfen Johann Martin
Pförringer. Mit Fürsprache zweier Geschworener der
Baderzunft wurde Pförringer zum Examen, dem Rigo-
rosum, zugelassen. Beide Stadtärzte, der Physicus Dr.
Kohlhaas und der Dr. Gemeiner, bestätigten nach langer
Prüfung in Theorie und Praxis, „dass er ein geschickter
und nützlicher Chirurg für die Stadt wäre". In kurzer Zeit
wurde Johann Martin Pförringer dann auch zu einem
hochangesehenen Wundarzt, der weit über Regensburg
hinaus bekannt war.

Als Napoleon am 23. April 1809 in Regensburg von
einer Kugel am Bein getroffen worden war, holte eine
französische Patrouille den Chirurgen Pförringer in die
Obermünsterstraße. Dort schnitt er dem Korsen das
Geschoss aus dem Bein. Doktor Ernst Pförringer erzählt
die Begebenheit knapp und wie nebenbei. Der Urahn
Pförringer muss Napoleon gut versorgt haben, denn
schon wenige Tage später konnte sich der Kaiser –
humpelnd und mit überm Rist aufgeschnittenem Stiefel –
von den Regensburger Abgeordneten im Palais am
Domplatz feiern lassen: „Vive l'Empereur, notre Protec-
teur" – Es lebe der Kaiser, unser Schirmherr.

Der Protestant und gelernte Bader avancierte zum
Wundarzt und Wunderdoktor. Reiche adelige Patienten

mehrten seinen Ruhm und sein Vermögen. 1835, nach dem Tod des alten Pförringer, übernahm sein Sohn, der Arzt und Geburtshelfer Georg Wolfgang Pförringer, Haus und Praxis. Auch er behandelte die Prominenz der Stadt. Als er 1874 starb, folgte ihm sein Enkel, der Chirurg und Röntgenologe Sigmund Pförringer. Er war ein Freund des Chirurgen Ferdinand Sauerbruch und des Physikers Conrad Röntgen. Pförringer bekam von Röntgen schon bald ein Strahlengerät zur Behandlung von Karzinomen.

Die Chronik der Familie Pförringer liest sich wie ein Stück bayerischer Medizin-Geschichte. 1799 kaufte Johann Martin Pförringer für 3000 Gulden das Haus an der Donau, in dem heute noch der Orthopäde Wolfgang Pförringer ordiniert – wie vor ihm sein Vater Ernst und nach ihm voraussichtlich Sohn Dominik. Er studiert in Regensburg Medizin. Wie viele seiner männlichen Vorfahren will auch er Chirurg werden.

Erst Jahre später wurde die revolutionäre Erfindung, für die Röntgen 1901 den Nobelpreis für Physik erhielt, in der Würzburger Universitätsklinik eingeführt. In Regensburg brach der riesige und tonnenschwere Bleikäfig, der das Gerät ummantelt, Ende des Zweiten Weltkrieges bei der Sprengung der nahen Donaubrücke durch alle Etagen in den romanischen Keller. Die Detonationswelle verwüstete das „Pförringerhaus".

Bei Kriegsende wäre beinah auch die Ära der Pförringer-Mediziner zu Ende gegangen. Ernst Pförringer kam als Major der Artillerie aus dem Krieg heim und wollte in München Medizin studieren. Das verhinderte die Besatzungsmacht. Da organisierte der 30-Jährige zusammen mit anderen abgewiesenen Kriegsheimkehrern das Studium im Hause seiner Familie. Sie holten sich aus Prag vertriebene deutsche Professoren wie den Hofrat Czermak-Seysenek und Professor Pfuhl als Lehrer. Ernst Pförringer tauschte am Schwarzmarkt wertvollen Familienbesitz wie Möbel, Schmuck und Gemälde und mit dem Erlös, meist Naturalien, bezahlten sie die abgemagerten Professoren. Als die Zahl der Studenten die 50 überschritt, durften sie ihr Studium an der Münchner Universität fortsetzen.

Wenn Professor Wolfgang Pförringer mittwochs im Sprechzimmer seiner Ahnen ordiniert, dann taucht er gern ein in die chloroform-umwehte Familiengeschichte: Die Eichenbohlen der Treppen knarren, auf den Messingbeschlägen der Türgriffe ist die Jahreszahl 1786 eingeprägt, von der Wand blicken alle Mediziner der Familie, und die Instrumente, die Einrichtung und die Patientenliege könnten im Museum stehen.

Wolfgang Pförringer redet lieber über seine Vorfahren als über sich selbst. Er studierte in München, ging ans John Hopkins Hospital in Baltimore, dann nach Kapstadt ans Groote Schuur Hospital und nach Davos, wo er die interessantesten Knochenbrüche sah, bevor er sich in

Wolfgang Pförringer mit seinem Sohn Dominik vor dem „Pförringerhaus" in Regensburg.

Ernst Pförringer vor der Kalksteinplatte im „Pförringerhaus", auf der viele seiner Vorfahren und Ahnen verewigt sind.

München habilitierte. In seiner Habilitation, die zu einem Standardwerk wurde, befasste er sich mit der zerstörenden Wirkung von Blutergüssen im Knie, „Hämarthros und Kreuzbänder".

Sein Sohn Dominik machte in den USA Abitur mit einem Notendurchschnitt von 1,4 und studiert in Regensburg Medizin. Der achte Nachfahre des Baders und Wundarztes möchte Chirurg werden, wie so viele seiner Vorfahren und Ahnen, die auf der Kalksteinplatte im „Pförringerhaus" verewigt sind. Der junge Mann mit den dunklen Augen und dem dunklen Haar sieht es als Auszeichnung, dass Regensburgs katholische Bischöfe den protestantischen Ärzten seiner Familie den Vorzug gaben. „Schon der Name Pförringer ist wie gute Medizin", sagte Bischof Michael Buchberger zu seinem Generalvikar.

Fotos: Horst Hanske

Münchens erster Star-Fotograf

Franz Hanfstaengl ist Begründer einer Dynastie, die in eine Liebesaffäre mit dem Hofe und in den Aufstieg Hitlers verwickelt war

Von Manfred Hummel

München – Seine Adresse ist standesgemäß, so wie es sich für den Spross einer alteingesessenen bayerischen Familie gehört: Schloss Nymphenburg. Das hängt unmittelbar mit seinem Beruf zusammen. Egfried Hanfstaengl ist Präsident der Verwaltung der bayerischen Schlösser, Gärten und Seen. Der Jurist herrscht über 44 Burgen, Schlösser und Residenzen von Aschaffenburg bis St. Bartholomä, 24 Gärten und Parks und dazu 21 Seen. Auf sein Kommando hören 850 festangestellte Kräfte, darunter 40 Restauratoren und 235 Gärtner. Wer nun glaubt, Präsident der Schlösser- und Seenverwaltung zu sein sei ein reiner Verwaltungsjob, der irrt. Was Hanfstaengl verwaltet, „besteht aus sehr viel Kunst". So bietet er zum Beispiel den Staatlichen Gemäldesammlungen Räume für deren Bilder an, ein passender Rahmen für die öffentliche Präsentation der Kunstwerke. So nähert sich der 1943 geborene Enkel dem an, was sein Großvater Eberhard (1886-1973) einst gemacht hat. Der war Kunsthistoriker und nach dem Zweiten Weltkrieg Direktor der Staatsgemäldesammlungen.

Es war ein Kunstverlag, der den Namen Hanfstaengl in aller Welt bekannt gemacht hat. Franz Hanfstaengl (1804-1877) hat ihn gegründet. Er sollte der Porträtist berühmter Zeitgenossen wie Queen Victoria, Richard Wagner, König Ludwig I. und Max II., oder Sisi, spätere Kaiserin Elisabeth von Österreich, werden. Doch die Anfänge sind mehr als bescheiden. 1816 erlebt Bayern die größte Missernte seiner Geschichte, es droht eine schlimme Hungersnot. Letzte Hoffnung sind die noch leidlich versorgten Städte. Die Eltern, die eine kleine Landwirtschaft in Baiernrain bei Dietramszell südlich von München betreiben, schicken ihr ältestes Kind, den Franz, „mit einem Gulden in der Tasche" nach München. Der Zwölfjährige hat Glück und findet Aufnahme in der Feiertagszeichenschule von Hermann Joseph Mitterer, dem auch die erste lithographische Druckerei Bayerns gehört.

Im 19. Jahrhundert wird es in bürgerlichen Kreisen Mode, sich mit Selbstbildnissen zu beschenken. Hanfstaengl nutzt die Gunst der Stunde. Er ist nicht nur ein hervorragender Lithograph und Künstler, er kann auch rechnen. Seine Lithographien werden zum Renner, weil er die Personen zwar naturgetreu, aber auch so schmeichelhaft wie möglich abbildet. Sein charmantes und humorvolles Wesen wie auch die elegante, blendende Erscheinung öffnen „Graf Litho", so sein Spitzname, die Türen zur Münchner Schickeria. Das Geschäft seines Lebens wird allerdings die Reproduktion berühmter Gemälde, Vorläufer der Poster. Zu günstigen Preisen können sich die Leute einen Rubens, Tizian oder Leonardo da Vinci in den Salon hängen. Sogar der greise Johann Wolfgang von Goethe ist voller Lob über Hanfstaengls lithographische Kunst. Aus Dresden erhält der Münchner einen Großauftrag: die Werke der königlichen Gemäldegalerie zu vervielfältigen. Von den Einnahmen kauft er sich einen der schönsten Plätze Bayerns: das Hochschloss Pähl über dem Ammersee.

Beliebt bei Münchens Schickeria: Franz Hanfstaengl.

Als 1839 die Fotografie erfunden wird, erkennt Hanfstaengl, was das bedeutet. Man geht zum Fotografen, um sich porträtieren zu lassen, die Lithographie ist out. Sofort kauft er sich einen Fotoapparat und wird Münchens erster Starfotograf. 1852 eröffnet der 48-Jährige ein Foto-Atelier. Dort lichtet er alle wichtigen Persönlichkeiten des Hofes, der Kunst und der Wissenschaften ab. Max von Pettenkofer, Moritz von Schwind, Wilhelm von Kaulbach, Leo von Klenze. Sein Zyklus zum Münchner Glaspalast ist eine der ersten Fotoreportagen der Welt. Bei einem Bombenangriff im Zweiten Weltkrieg erhält eines der Hanfstaengl-Häuser in der Widenmayerstraße einen Volltreffer. Im Keller lagerte der gesamte Nachlass. Man glaubte alles verloren. Bei der Vorbereitung für eine Hanfstaengl-Ausstellung im Stadtmuseum entdeckt der Münchner Fotograf Heinz Gebhardt 1980 die Raritäten in Schachteln – sie hatten sich im intakt gebliebenen Nebenhaus befunden. Edgar, Sohn Franz Hanfstaengls und genau so gut aussehend wie der Vater, macht mit einer Romanze von sich reden. Herzogin Sophie Charlotte in Bayern, die Verlobte König Ludwigs II., verschaut sich in ihn. „Ich liebe Dich so innigst, mein Edgar", schreibt sie am 23. Juli 1867, „wenn Du bei mir bist, dann kann ich es nicht so sagen, wie tief dein liebes Bild in meinem Herzen ruht, so tief, daß ich so schmählich meine Pflichten gegen meinen armen König vergaß!" Auch wenn der König die Verlobung später wieder löst, so lässt der Standesunterschied eine Verbindung nicht zu. Edgar heiratet eine andere. Die Herzogin wird „zwangsverheiratet" und stirbt unglücklich in Paris. Ihre Liebesbriefe stöbert Heinz Gebhardt 1981 bei Tante Erna Hanfstaengl in Baldham auf, kurz vor deren Tod.

Chef der bayerischen Schlösser und Seen: Egfried Hanfstaengl.

Als schillernde Figur auf dem politischen Parkett sorgt Edgars Sohn, Ernst „Putzi" Hanfstaengl (1887-1975) für Furore. Er gehört zu den Unternehmern, die in den Zwanziger Jahren Hitler in München salonfähig machen. „Putzi", so hat ihn in Kinderjahren eine Krankenschwe-

ster genannt, spielt dem „Führer" am Klavier vor – meist Stücke aus Wagner-Opern. Von 1931 bis 1937 ist er Hitlers Auslandspressechef. Hanfstaengl distanziert sich jedoch zunehmend von Hitlers Politik, die Nazis wollen ihn los werden. Im Spanischen Bürgerkrieg soll der

Ernst „Putzi" Hanfstaengl spielte Hitler am Klavier vor, fiel aber
später in Ungnade.

damals 50-Jährige mit dem Fallschirm über Partisanen-
gebiet abspringen – ein Himmelfahrtskommando.
Zufällig kennt der Pilot der Maschine Hanfstaengl von
früher und durchschaut die Situation. Er täuscht einen
Motorschaden vor. Nach der Notlandung gelingt Hanfstaengl im allgemeinen Durcheinander die Flucht.

Über die Schweiz und England gelangt er nach
Amerika und wird 1942 Berater des Präsidenten Franklin
D. Roosevelt für die psychologische Kriegsführung
gegen Deutschland. Die beiden hatten sich kennen
gelernt, als Hanfstaengl 1905 zum Studium nach Harvard
gegangen war und die Hanfstaengl-Filiale an New Yorks
Fifth Avenue geleitet hatte. Auf Druck der Briten wird
„Putzi" aber als prominenter Nazi interniert. Zeitweise
bewacht ihn dabei sein Sohn Egon, der als amerikani-
scher Soldat im Fernen Osten diente. „Ich war sein

Gefängniswärter, Leibwächter und Privatsekretär",
erinnert sich Egon Hanfstaengl, der in München lebt und
am 3. Februar 2003 seinen 82. Geburtstag gefeiert hat.
Nach langer Gefangenschaft wird der Vater schließlich
im oberbayerischen Weilheim entnazifiziert. Kategorie:
Entlastet. Er stirbt 1975.

Nach dem Zweiten Weltkrieg erlebt der Kunstverlag
einen großen Aufschwung. Die Wände der wiederaufge-
bauten Wohnzimmer sind leer und werden mit Hanfstaengls Reproduktionen geschmückt. Ein Hit sind die
Roten Pferde von Franz Marc. Neue Drucktechniken und
die Konkurrenz von Großdruckereien verderben aber auf
die Dauer das Geschäft. Den Kunstverlag gibt es heute
nicht mehr. Bis vor zehn Jahren wurden in einem Laden
am Stachus noch Kunstdrucke verkauft und Bilder
gerahmt. Früher habe sich die Familie regelmäßig in
einem Wirtshaus bei Dietramszell getroffen, aber diese
Tradition sei leider eingeschlafen, erzählt Egfried Hanfstaengl. „Irgendwann hört das Interesse wohl auf, wenn
die Generationen keinen Bezug mehr zu den Dingen
haben oder die alten Schriften entziffern müssen."

Ein Geheimnis verbindet die Hanfstaengls aber bis
heute. Zwei Kinder des Gründers Franz Hanfstaengl,
Hermann Joseph und Leopold, starben sehr jung. Später
traf er eine Wahrsagerin und fragte sie, warum seine
Kinder so früh gestorben seien. Er solle den nächstgebo-
renen Kindern Vornamen geben, die mit „E" beginnen,
bekam er zur Antwort, dann würden sie ein langes Leben
haben. Die Nachkommen befolgten diesen Rat – bis auf
eine Ausnahme. „Putzi" nannte seine Tochter Herta Luise
– sie starb wenige Tage nach ihrem fünften Geburtstag.
Egfried Hanfstaengls drei Kinder heißen Ernst, Elisabeth
und Eberhard. „Aber nicht aus Aberglauben", sagt der
Präsident der Schlösser- und Seenverwaltung. „Das ist
eine selbstverständliche Tradition, die wir übernommen
haben." *Fotos: G. Reisp; SZ-Bildarchiv, A. Heddergott*

Die grauen Eminenzen der Wittelsbacher

Einst liehen die Grafen von Toerring den bayerischen Herrschern Geld,
heute vermarkten sie ihr eigenes Schloss

Als Unternehmer sieht sich Hans Caspar Graf von Toerring-Jettenbach. Die Toerrings waren früher wichtige Geldgeber der Wittelsbacher.

Von Claudia Tieschky

Seefeld – Auf diesem Schloss Zerstreuung zu finden, ist ein Leichtes. Da gibt es ein Kino und ein Lifestyle-Unternehmen, das exotische Wohnkultur verkauft. Einen Goldschmied. Eine Werkstatt, in der handgearbeitete Fliesen entstehen. Eine Schloss-wirtschaft. Antiquitäten-handel. Einen Blumenla-den, in dem selbst die Ker-zen duften und sanfte Musik ertönt.

Das liebevoll gepflegte Zweigmuseum für Ägyptische Kunst, dessen Gänge ein niederländischer Künstler mit hinreißenden Blumenranken und einer Darstellung des Nils von der Quelle bis zur Mündung ausgemalt hat.

Und was bevorzugt der Schlossherr? Im Hochschloss, im gräflichen Arbeitszimmer, wuchtet Hans Caspar Graf von Toerring-Jettenbach ein dickes Buch auf den Tisch. Paul Kennedy: „Aufstieg und Fall der großen Mächte. Ökonomischer Wandel und militärischer Konflikt von 1500 bis 2000." Sein Lieblingsbuch. Der Graf ist ein Mann mit Vorliebe fürs Substanzielle. Ein Mann, der ernsthaft spricht und durchdachte Antworten gibt. In seiner Waldwirtschaft hat er eine biologische Methode gegen Wildschaden entwickelt und er ist stolz darauf, dass er deshalb nur noch wenig Zäune aufstellen muss. Die alten Bilder und historischen Möbel wirken in seinem Arbeitszimmer nicht wuchtig, sondern fein und schlicht. Sein Großvater ist der liebste Vorfahre des Hans Caspar von Toerring: Hans Veit III., Verfechter sozialer und ökonomischer Reformen. Als Reichsrat hatte sich Hans Veit zu Beginn des vergangenen Jahrhunderts für Tarifverträge in der Land- und Forstwirtschaft ein-gesetzt. Als Verfechter der Gartenstadt-Bewegung schlug er 1912 eine Unter-grundbahn zwischen den Münchner Vororten und der Innenstadt vor.

Schloss Seefeld ist von München kom-mend das erste Mal zu sehen, wenn die letzte Steigung vor Pil-sensee und Ammersee überwunden ist. Von dort haben Fußgänger, Kut-schen, Fahrräder, Ausflügler und Pendler seit jeher bis hinunter zu den Seen nur noch eine mühelose Strecke vor sich. Die Gegend wirkt leicht und heiter von da an. Eine stattliche Allee aus alten Eichen säumt kilometerlang die Straße links und rechts durch das Tal bis zum Schloss. Die Äste bilden ein Dach über der Fahrbahn. Im Sommer bleibt die Hitze draußen auf den Feldern, unter den Bäumen wechseln Schatten und Sonnenflecken. Durch die breiten Stämme ist in der Ferne das Schloss auf dem Burgberg zu sehen, schon glaubt man, die Lichtreflexe auf den Seen zu erkennen. Und dann blitzt es tatsächlich. Die Herrschinger Polizei hat ein Faible dafür, Radargeräte in der Eichenallee aufzustellen.

Von den Toerringern, die einst die Allee pflanzten, bietet die Geschichtsschreibung in den Anfangszeiten nur Momentaufnahmen. Und die gab es vor allem dann, wenn sie das Tempo überschritten hatten. Was bei dem energisch betriebenen Aufstieg der Landsassen aus dem Traunsteiner Gebiet häufiger geschah. Caspar II. von Toerring-Toerring etwa mischte als Geldgeber und wich-tiger Untertan Anfang des 15. Jahrhunderts gewaltig mit

Noch heute blüht der Handel im Schloss Seefeld.

Fotos: F. X. Fuchs, A. Heddergott

beim Machtkampf der Wittelsbacher Linien gegeneinander – und gegen die Erzbischöfe von Salzburg. Geschickt und hartnäckig. Um sein ausgedehntes Jagdrecht zu verteidigen, scheute er auch nicht den Beitritt zu einem streitbaren politischen Adelsbund. Heinrich XVI. von Bayern-Landshut missfiel das immer mehr. Im Herbst 1421 schritt er ein. Er ließ die Stammburg der

Toerrings bei Tengling nicht nur erobern und restlos plündern, sondern auch schleifen. Die Jagdhunde wurden gleich mit erschlagen.

Dennoch hielten sich die verschiedenen Linien der Toerrings bis ins 20. Jahrhundert im unmittelbaren Umfeld des Hofes. Nie auf dem Thron, aber meistens gleich in der zweiten Reihe der Macht, oft als einflussreiche Ratgeber. Die Verbindung war so selbstverständlich geworden wie der Weg über eine alte Allee. Die gesellschaftliche Stellung des Geschlechts zeigt sich in den folgenden Jahrhunderten schon daran, dass sie bei den jeweiligen Trends der Zeit immer mithielten. Toerringer reisten ins Heilige Land und schrieben Reiseberichte. Toerringer ritten auf den Turnieren des vom Mittelalter faszinierten Kaisers Maximilian I. Als die bürgerlichen Handelshäuser an Einfluss gewannen, heirateten sie Töchter der Familie Fugger. Die Liste lässt sich fortführen. Unter Kurfürst Max Emanuel wird Generalfeldmarschall Ignatz Felix von Toerring-Jettenbach zum einflussreichsten Mann im bayerischen Staat. Und als Ludwig II. für unmündig erklärt und abgesetzt wird, ist einer der beiden Vormünder ein Toerring.

Hans Caspar von Toerring sieht sich in erster Linie als Unternehmer, der für 50 Angestellte veranwortlich ist. „Nur der Erfolg sichert diese Arbeitsplätze", sagt der Graf. „In unserer Familie war man immer gewohnt, zu rechnen."

Sein Metier ist die Waldwirtschaft, das ergibt sich schon aus den weitläufigen Toerringschen Forsten, aus denen die Familie den Großteil ihres Einkommens bezieht. Aber sein Unternehmergeist macht da nicht halt. In Kanada hat er in den neunziger Jahren gemeinsam mit seinem Cousin, einer alten Toerringschen Tradition folgend, eine kleine Bierbrauerei aufgebaut. Seine Familie hatte er für den zeitweiligen Aufenthalt mit über den Atlantik genommen, die zweite Tochter der Toerrings kam in Toronto zur Welt. Außerdem sind da noch der Toerringsche Campingplatz am Pilsensee, die gräflichen Immobilien und ein neues Dienstleistungsunternehmen für Jagd und Forstwirtschaft. Und welcher Teil des Unternehmens ist ihm am wichtigsten? „Mein Lieblingsprojekt ist meine Familie", sagt Graf Toerring bedächtig – und dann lacht er.

Heute sind es nicht mehr die Wittelsbacher, gegen die sich die Toerrings behaupten müssen. Trotzdem ist die Familie Ende der siebziger Jahre aus Schloss Seefeld geflohen. Vor einem Burgberg, der unter der Beanspruchung der Jahrhunderte nachgab. Vor Gebäuden, die auf diesem künstlich aufgeschütteten Hügel mit kaum nennenswerten Fundamenten errichtet worden waren und auseinander zu fallen drohten. Kurz: vor dem Leben auf einer Dauerbaustelle. „Wenn Sie überlegen, was so ein Schloss kostet!", ruft der Graf bei der Erinnerung daran. „Es ist die Pest, sage ich Ihnen! Aber es ist unser Stammsitz und jetzt ist er wieder stabil." Hans Caspar von Toerring wusste, dass er einmal das Erbe übernehmen würde. Der Tod des Vaters 1977 kam dann aber doch völlig unerwartet. Im Par-Force-Durchgang schloss der junge Graf seine Ausbildung ab und übernahm die Verantwortung für den Besitz. Das Familienunternehmen erhielt neue Akzente. Es habe ihm einfach Spaß gemacht, sagt er. „Die Identität der Familie liegt in unserer Geschichte. Aber das Selbstverständnis eines Menschen kann eigentlich nur aus eigenem Handeln erwachsen."

In den vergangenen Jahren konnte man dieses Handeln fast monatlich in Form neuer Veränderungen im Schlosshof sehen. Stück um Stück wurden die denkmalgeschützten Gebäude aufwändig saniert. Repräsentative Gewerbeflächen entstanden und zogen eine Vielzahl unterschiedlicher Unternehmen an – vom Anlageberater bis zum Antiquitätenhändler, von der Werbeagentur bis zum Weinhändler. Das Konzept trägt. Die besondere Aufgabe seiner Generation sei es, das Schloss so zu erhalten, dass es nicht defizitär ist. Gelungen sei das „nun ja, am Rande". Nachdenklich schaut der Graf auf seine Zigaretten, die er während des ganzen Gesprächs nicht angerührt hat. Erhalten sei eine viel schwierigere Aufgabe als das Aufbauen. „Erhalten erfordert nicht nur das Verwalten, sondern neue Ideen."

Altes Gemäuer mit neuen Perspektiven

Der Kampf der Familie Crailsheim um den Erhalt ihres Schlosses schien aussichtslos zu sein – bis der Baron das Interesse der Öffentlichkeit weckte

Ortholf von Crailsheim stellte das Schloss Amerang mit neuen Konzepten auf festen Grund. Das Schloss, auch Ort schöner Konzerte, beherbergt neben diversen Kleinodien einen der prächtigsten Renaissance-Innenhöfe nördlich der Alpen.

Von Heiner Effern

Amerang – Mit verklärter Romantik ist es nicht getan, wenn Baron Ortholf von Crailsheim Gäste durch sein Schloss führt. Zwar gehören die gotische Kapelle, der Rittersaal, das Museum und der Renaissance-Innenhof zum Rundgang. Aber ebenso der kleine Kongress-Saal, sein Arbeitszimmer mit Computer und die Hackschnitzelheizung in den ehemaligen Stallungen. Die hat es ihm besonders angetan, weil sie das verbindet, was ihm wichtig ist. „Wir nutzen auf moderne Weise traditionelle Rohstoffe aus unseren eigenen Besitzungen und heizen damit das ganze Schloss. Das ist umweltfreundlich, effektiv und rentabel."

Seit 23 Generationen und mehr als 900 Jahren ist Schloss Amerang im oberbayerischen Voralpenland Stammsitz und Kapital adeliger Familien. Vier verschiedene Adels-Geschlechter, die Laiminger, die Scaliger, die Lambergs und die Crailsheimer vereinigen sich im Schlossherrn. Der damals erst 26-jährige Ortholf übernahm 1995 das Schloss von seinem Vater in einem maroden Zustand, der Innenhof war seit 1992 wegen Einsturzgefahr gesperrt. Jahrelang war nichts repariert worden, da das Geld fehlte. „Natürlich habe ich damals auch Angst gehabt. Die Verantwortung gegenüber der Familie war ja riesengroß", sagt Baron Ortholf. Vater und Sohn verhandelten Monate wegen der Details. „Das muss man sich vorstellen wie bei der Übergabe eines großen Bauernhofs." Doch der junge Baron biss sich durch. Seine ersten Stammgäste auf Schloss Amerang waren Statiker, Architekten, Denkmalpfleger, Regierungsbeamte und dann die Handwerker. Für die Finanzierung galt als oberste Grundregel: „Der Familien-Besitz muss erhalten bleiben." Zu viele adelige Familien hat Baron Ortholf Grundstück um Grundstück verkaufen sehen, um

Für den historisch interessierten Kunstfreund birgt Schloss Amerang zahlreiche Raritäten.

Schloss und hohen Lebensstandard zu erhalten. Mit erheblicher Unterstützung des Staats kam die Sanierung 1995 in Gang. Drei Jahre später wurde der Innenhof wieder frei gegeben. Für die Crailsheimer ein lebenswichtiger Tag, da die berühmten Ameranger Schlosskonzerte wieder beginnen konnten. „Die sind für uns ein Wirtschaftsfaktor."

Den musikalischen Erfolg haben sie ihren italienischen Vorfahren zu verdanken. Es waren die ehemaligen Herren von Verona, die ihren Nachfahren auf Schloss Amerang den wertvollsten Schatz für die Neuzeit hinterließen. Im 16. Jahrhundert bauten die Scaliger einen der schönsten Renaissance-Innenhöfe nördlich der Alpen in das Schloss ein. Die dreistöckigen Arkaden bieten nicht

Schloss Amerang wurde im Jahr 1072 erstmals urkundlich als Edelsitz erwähnt.

nur italienisches Flair für das Auge, sondern auch eine einzigartige Akustik. Die erlebte die Öffentlichkeit 1964, als Krafft von Crailsheim das erste Konzert im Innenhof organisierte. Das Schloss entwickelte sich zu einem der ersten Standorte für klassische Freiluft-Konzerte. Solisten und Ensembles aus München und Salzburg spielen, aber auch Gruppen aus dem Voralpenland. Bei jedem Konzert begrüßt ein Familienmitglied die Gäste persönlich. „Die Leute sollen sich hier willkommen fühlen, das halte ich für eine ganz wichtige Tradition, und die werde ich auch fortführen", sagt Ortholf von Crailsheim. Bis zu 11 000 Besucher kommen pro Jahr, die Kultur entwickelte sich zum notwendigen zweiten Standbein der Familie neben der Landwirtschaft.

Von der lebten die oberbayerischen Crailsheimer, seit 1821 Herren auf Schloss Amerang, seit vielen Generationen. Doch Mitte des 19. Jahrhunderts hatten sich die Vorzeichen verändert. Die Barone mussten sich wie Großbauern dem Markt stellen. Das gelang am Anfang so schlecht, dass der Dorfwirt am Stammtisch tönte: „Den Baron kauf ich jetzt z'samm!" Nur durch eine reiche bürgerliche Heirat rettete der junge Krafft Anton, Ortholfs Urgroßvater, Ende des 19. Jahrhunderts den Familienbesitz und baute als studierter Landwirt Schloss Amerang zu einem landwirtschaftlichen Vorzeigebetrieb aus. Besonders die Zucht der in Bayern bis dahin kaum bekannten Pinzgauer Rinder verschaffte ihm einen Namen. Seine Frau Antoinette konnte Schritt halten: Sie gewann einen Kochrezepte-Wettbewerb mit ihrem Wochenküchenzettel. Freitags etwa gab es auf Schloss Amerang Schwäbische Brotsuppe, Hecht in der Röhre und als Nachspeise Aprikosennudeln. Sohn Krafft Maximilian setzte die landwirtschaftliche Tradition fort und führte die Familie mit feinem Gespür durch die Zeit des Nationalsozialismus. Zwar trat er 1928 in die NSDAP ein, kündigte aber vier Jahre später seine Mitgliedschaft,

weil er ahnte, „wo der Laden hinlief". Da er den Hitlergruß verweigerte und auch in der Öffentlichkeit das klare Wort nicht scheute, saß er fast einen Monat in „Schutzhaft wegen rebellischen Benehmens" bei der Gestapo in München. Hatte er schon vor dem Krieg mehr gelebt wie ein Großbauer denn ein Baron, verlor er in den harten Zeiten nachher völlig das Interesse am Schloss und wollte es sogar abreißen lassen. Sein Sohn Baron Krafft wollte das nicht zulassen und versuchte, den Familiensitz mit einem völlig neuen Konzept zu erhalten: Er ließ fremde Leute ins Schloss. Die alten Wohnräume baute er zu einem Museum mit wertvollen Stücken aus der Familie um. Er vermietete Gewölbekeller und den Innenhof für private Feste und organisierte die Schlosskonzerte. Unterstützung erhielt er seit Mitte der siebziger Jahre vom „Verein zu Erhaltung von Schloss Amerang", der heute in Deutschland der Größte seiner Art zum Erhalt eines privaten Bauwerks ist.

Doch statische Fehler der Vergangenheit und der wegrutschende Hang machten das Schloss immer wieder zum Sanierungsfall. Jahrzehntelang kämpfte Baron Krafft mit dem maroden Gebäude, bis er seinem Sohn Ortholf die Aufgabe übertrug. Der sah schnell, dass es nur einen Weg gab, das Schloss zu erhalten: Die enge Zusammenarbeit mit staatlichen Stellen, der Gemeinde Amerang und dem Förderverein. „Allein konnten wir das nicht schaffen. Nur weil auch die Öffentlichkeit ein Interesse hatte, die Bausubstanz zu erhalten, war das möglich." Diese Idee hatte Erfolg, heute sind die wichtigsten Bauarbeiten abgeschlossen. Derzeit richtet sich Ortholf von Crailsheim im Schloss eine Wohnung für die Zukunft ein. „Ich habe lange in München gelebt und wäre da gerne geblieben. Aber das hätte ich wie eine Flucht empfunden. Der Schlossherr sollte auch im Schloss wohnen."

Fotos: Günter R. Müller/privat

Der Stachel im bayerischen Fleische

Die kleine Herrschaft Fraunhofen hat über Jahrhunderte hinweg ihre Souveränität behauptet – das prägt bis heute

Christoph Graf von Soden-Fraunhofen und seine Frau Clarissa verwalten heute das Schloss sowie das land- und forstwirtschaftliche Gut.

Von Hans Kratzer

Neufraunhofen Not und Elend, Hunger und Entbehrung – das waren die unerbittlichen Begleiter der Menschen im Bayern des 17. und 18. Jahrhunderts. Nicht nur, dass ein Kriegsheer nach dem anderen die Dörfer und Höfe plünderte und die Leute drangsalierte. Nicht weniger arg war der ständige Verdruss durch Missernten, Seuchen und Krankheiten. Das kleine Dorf Neufraunhofen war – wie durch ein Wunder – wenigstens von der Soldateska verschont geblieben. Weder die schwedischen Landsknechte noch die österreichischen Besatzer waren bis hierher vorgedrungen. Umso bitterer für die Neufraunhofener, dass eines Tages ausgerechnet bayerische Soldaten das Dorf besetzten. „Hier ist der unglücklichste Tag, sowohl für die hochgnädigste Herrschaft als auch für die Untertanen", kritzelte der Mesner Zapf am 24. Dezember 1805 in sein Tagebuch. Am frühen Morgen hatte der scharfe Marschtritt einer Kompanie die Menschen aufgeschreckt. Die Gewehre im Anschlag, formierten sich die Infanteristen vor dem Torbogen des Schlosses, weithin hallte das Kommando des Kommissärs. Seine Botschaft war unmissverständlich: „Die Bürger der Herrschaft Fraunhofen sind künftighin baierisch."

Jahrhundertelang hatte sich die kleine Herrschaft Fraunhofen, die lediglich die Fläche einiger Landgemeinden umfasste, als eigenständiges Territorium behauptet – gegen den Widerstand der bayerischen Herrscher. Die Fraunhofen hatten ihre eigene Verwaltung und Gerichtsbarkeit, sie besaßen ausgedehnte Jagdgründe, und sie zahlten als freie Reichsherrschaft an die bayerischen Herzöge und Kurfürsten natürlich keine Steuern. Noch heute ist zu spüren, wie sehr sie auf ihrer Unabhängigkeit beharrten. Man muss dazu nur einmal in den Gängen des Neufraunhofener Schlosses die in schwere Rahmen gefassten Porträts betrachten. „Das sind alles Habsburger", sagt Christoph Graf von Soden-Fraun-

hofen, der bislang letzte Schlossherr in der 900-jährigen Geschichte des Geschlechts. Dort, wo in altbayerischen Schlössern sonst die Bilder der bayerischen Landesherren hängen, prangen in Neufraunhofen die Kaiser und Kaiserinnen aus der Wiener Hofburg. Denn allein den obersten Herrschern des Heiligen Römischen Reiches Deutscher Nation fühlten sich die Fraunhofen verpflichtet, seit sie der König Sigismund 1431 mit einem Reichslehen ausgestattet hatte. Erst als Napoleon die europäische Ordnung im frühen 19. Jahrhundert radikal umkrempelte, wurde neben vielen anderen weltlichen Herrschaften und geistlichen Fürstentümern auch die Herrschaft Fraunhofen in das neue Königreich Bayern eingegliedert, ob sie wollte oder nicht.

Der Kommissär und seine Soldaten vollstreckten jetzt den Befehl des neuen Königs Max I. Joseph und seines mächtigen Ministers Montgelas. „Bei höchster Anbefehligung" hängte er an der Schlossmauer sogleich die bayerischen Wappen auf, nahm das Gerichtsgebäude in Beschlag und montierte den Galgen ab, jenes Symbol, das ein halbes Jahrtausend lang für die eigenständige Gerichtsbarkeit und damit für die Unabhängigkeit der Fraunhofen stand.

Die barocke Schlossanlage in Neufraunhofen ist, obwohl sie nur 20 Kilometer südlich von Landshut liegt, kaum bekannt. Abseits der großen Verkehrsströme, eingebettet in ein stilles Hügelland, hat sich dieses prächtige Kulturdenkmal weitgehend erhalten. Seitdem Michael Wening das Schloss 1723 in einem Kupferstich verewigt hat, hat sich die Topographie nur wenig verändert. Ein seltener Glücksfall. Das Schloss als Wirtschafts- und Verwaltungszentrum, die landwirtschaftlichen Gebäude, die 1645 gebaute Postwirtschaft, das alte Gerichtshaus, die Torbögen, alles atmet Geschichte und versetzt den Betrachter atmosphärisch zurück bis in die Tage des Barocks. Die Fraunhofen haben das Erbe ihrer

Aus dem 14. Jahrhundert stammen die Gedenktafeln für das Erbauerpaar des Schlosses, Wilhelm von Fraunhofen und dessen Ehefrau Chlara Montfort, die in der Schlosskirche angebracht sind.

Vorfahren stets nach Kräften bewahrt, auch wenn dies nicht immer leicht fiel. Zwar wurden gewaltsame Zerstörungen durch kluge Politik weitgehend verhindert. „Aber auch in Friedenszeiten ist es ein enormer Aufwand, diese mehr als zwei Hektar umbaute Fläche zu erhalten", sagt Graf von Soden-Fraunhofen. „Seit 20 Jahren renovieren wir ununterbrochen." Beim Blick auf die weiten Dächer, die zum Teil noch mit alten handgeschlagenen Ziegeln eingedeckt sind, versteht man nur zu gut, dass man hier vor einer Lebensaufgabe steht. Trotzdem würde der Graf mit niemandem tauschen wollen. „Manchmal höre ich: Ihr seid jetzt schon seit 900 Jahren hier, das ist doch langweilig. Da sage ich: Ganz im Gegenteil. Nirgendwo ist es schöner als hier." Der Graf führt den Besucher dann gerne auf die stille Terrasse, von der aus der Blick hinüberschweift auf die Felder und Wälder, von deren Ertrag die Familie lebt. Oder er zeigt ihm die Schlosskirche, ein Kleinod von höfischer Eleganz. Und schließlich den großen Park mit den exotischen Bäumen aus Südamerika und Asien, die einst ein botanisch interessierter Vorfahre hier pflanzte. Kein Wunder also, dass sich früher auch Künstler und Literaten wie Graf Pocci und Kobell gerne hier aufhielten. Aber auch die Fraunhofen brachten viele Männer hervor, die zu Ruhm und Ehre gekommen sind. Gewiss kam ihnen dabei ihre stetige diplomatische Eleganz zu Gute. Wie wäre es sonst möglich gewesen, dass der Dauerstreit mit den bayerischen Herrschern um ihre Unabhängigkeit die Fraunhofen keineswegs hinderte, am Hof ihrer Kontrahenten hohe Ämter zu bekleiden, wie etwa Thesaurus III., der als Hofmeister der höchste Beamte am Hofe Herzog Heinrichs des Reichen war und die Vorbereitungen für die „Landshuter Hochzeit" regelte. Oder auch Adam Gottlieb, der unter dem Kurfürsten Carl Albrecht Vitzthum war, so etwas wie der Bezirkspräsident von Niederbayern. Und das, obwohl beide Lager mit harten Bandagen kämpften, was ein altes Schriftstück im Schlossarchiv belegt, das aus der Zeit des Augsburger Reichstags von 1555 stammt. „Damals ließ Herzog Albrecht V. den Vertreter der Fraunhofen aus dem Saal werfen, weil dieser seiner Meinung nach keinen Anspruch auf eine Vertretung beim Reichstag hatte", erzählt Graf von Soden-Fraunhofen.

Zu den herausragenden Repräsentanten der Familie zählt auf jeden Fall Carl August von Fraunhofen, der die Landwirtschaft mit neuen Anbaumethoden, Düngern und Geräten revolutionierte, aber auch Viehhaltung und Schulwesen verbesserte. Als er 1865 kinderlos starb, vererbte er das Anwesen seinem Neffen Max aus der ebenfalls sehr alten Familie der Soden und sicherte damit den Fortbestand des Geschlechts, das von da an Soden-Fraunhofen hieß. Auch Max von Soden-Fraunhofen spielte in der bayerischen Geschichte bald eine wichtige Rolle. Er begründete die Zentraldarlehenskasse, war Innenminister und als solcher eng verbunden mit dem bayerischen Königshaus, weshalb auch König Ludwig III. gerne mal einen Abstecher nach Neufraunhofen machte. Aber auch im Kirchendienst und in der Industrie setzten Mitglieder der Familie stets Akzente. Dies gründet vor allem auf ihrer Unabhängigkeit im Denken und Handeln, die sie sich über alle Zeiten hinweg bewahrt haben. „Deshalb bin ich ein absoluter Föderalist", sagt Christoph Graf von Soden-Fraunhofen ganz in der Tradition seiner Vorfahren. Nicht Vereinheitlichung sollte das Maß aller Dinge sein, sondern die Verschiedenheit. „Das macht doch den Reiz und die Vielfältigkeit sowohl der Politik als auch einer Landschaft aus." Die Herrschaft Fraunhofen hat diese Vorgabe jahrhundertelang eindrucksvoll beherzigt.

Fotos: Klaus Brenninger

Familie Kunstreich

Gerhard Seitz, ehemaliger Erster Konzertmeister des Rundfunk-Orchesters, entstammt einer Dynastie bedeutender Münchner Künstler

Von Wolfgang Görl

München – Gottlob hat Gerhard Seitz erst im Ruhestand begonnen, Familienforschung zu betreiben. Was da zum Vorschein kam, wäre unter Umständen geeignet gewesen, seiner glänzenden Musikerlaufbahn frühzeitig ein Ende zu bereiten. Zum erweiterten Kreis der Vorfahren gehört nämlich ein gewisser Anton Zaska (1832-1919). Der war unter anderem Kapellmeister bei Papa Geis, dem seinerzeit populärsten unter den Münchner Volkssängern, deren beste Zeit das ausgehende 19. Jahrhundert war. Papa Geis trat mit witzigen Couplets und Szenen im Hotel Oberpollinger auf, und die Begleitkapelle leitete eben jener Anton Zaska. Von dem ist folgender Satz überliefert: „Bevor oans meina Kinda Musiker werd, schlag i eahm as Kreiz o." Das war die unmissverständliche Warnung eines erfahrenen Mannes, von der Tonkunst die Finger zu lassen. Gerhard Seitz hat nicht auf seinen Vorfahren gehört. Und er hat es nicht bereut: Er war über viele Jahre Erster Konzertmeister im Symphonie-Orchester des Bayerischen Rundfunks, ist mit weltberühmten Dirigenten aufgetreten, bereiste aller Herren Länder und wurde noch dafür bezahlt. Seitz, Jahrgang 1922, brillierte als Kammermusiker und Solist. Komponisten wie Harald Genzmer, Wolfgang Jacobi oder Jan Koetsier hatten für ihn Werke geschrieben, der Münchner Tonsetzer Karl Amadeus Hartmann gehörte zu seinen Freunden und Förderern. Als 1956 Robert Schumanns 3. Violinsonate, damals gerade wiederentdeckt, in London uraufgeführt

wurde, war Gerhard Seitz der umjubelte Solist. Und ihm vertraute man Mozarts Originalgeige an, wenn er bei den Salzburger Mozartwochen auftrat.

Damit hatte er, ohne es zu ahnen, einen ähnlichen Weg genommen wie seine Vorväter. „Die Seitze" – ursprünglich eine Schreiner- und Kunsttischlerdynastie aus dem Altmühltal – waren im München des 19. Jahrhundert so etwas wie kulturelle Tausendsassas, denen man auf dem Felde der Kunst an allen Ecken und Enden begegnen konnte. Nicht bei der Avantgarde fand man sie, sondern eher im Lager der Bewahrer des Alten. „Mit der Moderne hatten die Seitze nichts zu tun gehabt", sagt Gerhard Seitz. Der erste, der im großen Stil auf sich aufmerksam machte, war sein Ururgroßvater, der Kupferstecher Johann Baptist Seitz (1786-1850). Dessen Opus magnum ist im Bayerischen Nationalmuseum zu bestaunen: das große Modell der Stadt München, das er in neunjähriger Feinarbeit für König Ludwig I. anfertigte. Sein ältester Sohn Alexander Maximilian Seitz (1811-1888) half seinem Lehrer Heinrich Maria von Hess, das Innere der Allerheiligenhofkirche auszumalen, ehe er Peter von Cornelius nach Rom folgte, wo er sich als gefragter Kirchenmaler etablierte. Bei einer Orientreise, so erzählt man in der Familie, ist Alexander Maximilian in die Hände von Banditen gefallen. Mit selbst gemalten Bildern habe er sich wieder freigekauft. Den Rest seines Lebens soll er mit einem türkischen Fez auf dem Kopf herumgelaufen sein.

Violinist Gerhard Seitz vertraute man Mozarts Originalgeige an, wenn er bei den Salzburger Mozartwochen auftrat.

Noch tiefere Spuren in Rom hat sein Sohn Ludovico Seitz (1844-1908) hinterlassen. Er hatte sich dem religiös gestimmten Malerbund der Nazarener angeschlossen und wurde von Papst Leo XIII. zum Direktor der vatikanischen Pinakothek ernannt. Auch er war ein konservativer Künstler, der im klassischen Stil Fresken etwa für die Galleria dei Candelabri im Vatikan oder die Deutsche Kapelle in der Kathedrale des italienischen Wallfahrtsorts Loreto schuf. Ludovicos Taufpate war König Ludwig I.

Schon dessen Vater, König Max I. Joseph, hatte es beliebt, der Familie als Patenonkel die Ehre zu geben: Max Joseph Seitz (1812-1890) durfte sich des königlichen Paten rühmen. Wer das Glück hat, ein Exemplar der ersten deutschen Briefmarke, des „Schwarzen Einsers", zu besitzen, darf sich Max Joseph Seitz eng verbunden fühlen. Der gelernte Graveur war der Stecher der philatelistischen Kostbarkeit. Ob er die Marke auch entworfen hat, ist umstritten. Die einschlägigen Dokumente sind im Zweiten Weltkrieg in München verbrannt.

Franz Seitz (1817-1883) ist von König Ludwig II. der persönliche Adelstitel verliehen worden, weshalb er ein „von" im Namen führen durfte. Als „Hoftheaterkostumier" am Nationaltheater entwarf er die Kostüme der vier Wagner-Opern, deren Uraufführung in München stattfand: Tristan, Meistersinger, Rheingold und Walküre. Dabei musste er eigens nach Tribschen am Vierwaldstätter See reisen, um sich mit dem Meister zu beraten. Manchmal kamen die Entwürfe mit einer handschriftlichen Bemerkung Richard Wagners zurück: „Mehr den Rittern ähnlich" steht da zum Beispiel unter einem Kostümentwurf für den Kurwenal im Tristan. In einem Gelegenheitsgedicht schildert sich Franz von Seitz als Spezialist für alles: Bin Maler in Öl und in Wasser und Glas, /trink Bier aus den Flaschen sowie aus dem Fass, /bin Jäger und Fischer und Dekorateur, /dann Dichter und Sänger und Compositeur /bin Costümier und dann auch Lithograph /und koche mitunter, so sagt man, sehr brav ...

Es ist keineswegs so, dass das Seitz'sche Familienerbe wohl verwahrt in einer Kiste weitergegeben wurde. Vieles ist im Krieg zerstört worden, anderes ist verschollen oder es lagert in Archiven und Museen. Im

Von August Seitz stammt die Schäfflerfigur, die in München hinter dem Rathaus an der Ecke Weinstraße/Schäfflerstraße am so genannten Schäfflereck angebracht ist.

Ruhestand hat Gerhard Seitz angefangen, seinen Vorfahren nachzuspüren. Er stöberte da und dort, und immer war es so, dass hinter den Biographien die Konturen bayerischer und Münchner Geschichte erschienen. Es gäbe noch viel zu erzählen: Von Otto Seitz (1817-1883), dem Piloty-Schüler, der Professor an der Akademie der Schönen Künste war; von Rudolf von Seitz (1842-1919), der an der Innenausstattung des Nationalmuseums und der Schlösser König Ludwigs II. mitwirkte; oder vom Kupferstecher und „Inspektor im königl. topogr. Bureau" Carl Seitz, der neben bayerischen Landkarten im Jahr 1872 einen detailgenauen Plan von „München aus der Vogelschau" anfertigte.

Wenn Gerhard Seitz die wunderbaren Hinterlassenschaften seiner Vorfahren in München betrachten will, muss er weit fahren. Mit seiner Frau lebt er in Beuron an der Donau, in einem „schönen alten Haus mit Sprossenfenstern". Zuvor hatten sie in der Prinzregentenstraße gewohnt, durch die täglich zehntausende Autos krochen. „Das ist kein Ort für die Pension." Weit weg sind jetzt die Stätten der Jugend: Schwabing, wo er aufwuchs, das Max-Gymnasium, die Musikhochschule. Als der Krieg ausbrach, musste er sein Violinstudium unterbrechen. Seitz kämpfte in Russland, wurde zweimal verwundet. Am Ende geriet er in englische Kriegsgefangenschaft, und da hatte er Zeit, ein neues Leben zu planen. Geige spielen wollte er, nur wieder Geige spielen. Jeden Morgen acht Uhr sollte es losgehen, eine Stunde Tonleitern, eine Stunde Etüden, eine Stunde Violinkonzerte und so weiter bis abends um zehn. „Ich hab's nach der Heimkehr eine Zeit lang durchgehalten, aber auf Dauer schafft man das nicht."

Doch es ging ja auch so. 1948, bei einem Wettbewerb der Musikhochschule um eine italienische Meistergeige, trug er den Sieg und mithin das wertvolle Instrument davon. Etwa zur selben Zeit gründete er mit einem Jugendfreund ein Sonatenduo. Wolfgang Sawallisch hieß der. Jener Sawallisch, der es noch zum Bayerischen Staatsopern-Direktor bringen sollte. Als sie sich 1949 zum Internationalen Musikwettbewerb in Genf anmeldeten, hatten die beiden erstmal ein Problem: Wie an Dollars herankommen? Nur damit konnte die Auslandsreise bezahlt werden. Seitz und Sawallisch besorgten sich das Geld auf dem Schwarzmarkt. Das reichte gerade für die Fahrt, ein ordentliches Mahl in Genf war aber nicht mehr drin. Trotz leerer Mägen gewann das Münchner Duo den Wettbewerb. Endlich hatten sie Geld. Solide Schweizer Franken, die sie noch im Lande in D-Mark tauschten. Bei der Rückfahrt konfiszierte der deutsche Zoll in Lindau das gesamte Preisgeld. Der Umtausch, so hieß es, war ein Verstoß gegen die Devisenvorschriften. „Wir haben davon überhaupt keine Ahnung gehabt." Mit einem Bußgeld kamen sie aus der Sache heraus.

Seitz war 25 Jahre alt, als ihn das im Aufbau begriffene Rundfunk-Orchester als Ersten Konzertmeister engagierte. Eugen Jochum, „ein erstklassiger Orchester-Erzieher", leitete das Ensemble. Die erste Auslandsreise führte zu Papst Pius XII., und nach einem Privatkonzert im Vatikan segnete der Papst das Orchester. „Da gingen sogar die Protestanten in die Knie." Auf Jochum folgte Rafael Kubelik. Auch mit ihm war es „eine wunderbare Zeit". Zum 25-jährigen Bestehen unternahm das Orchester eine Weltreise. Auf dem Heimflug gab es einen Zwischenstopp in Bangkok, wo man das Ensemble zu einem Spezialitäten-Diner lud. Wenig später stellten sich Durchfall und Erbrechen ein, was aber das Orchester nicht davon abhielt, bei der Ankunft in München sogleich Smetanas „Mein Vaterland" zu intonieren. Auch dieser Zerreißprobe hielten die Musiker bis zum Schlussakkord stand – übrigens einer der wenigen Momente in Seitz' Leben, in denen Anton Zaskas Warnung vor dem Musikerberuf gerechtfertigt war.

Fotos: Privat

Pionier der Fernsprechtechnik

Die bayerische Telefonfabrik Friedrich Reiner entwickelte einen der erfolgreichsten Apparate aller Zeiten

Von Manfred Hummel

München – Schon das Klingeln ist anders. Nicht dieses schmalbrüstige elektronische Piepsen, sondern der Klang echter Glocken, wie beim Maschinentelegraph eines Schiffes. Aber der Fernsprechapparat W 48 besitzt noch mehr Eigenschaften, die der heutige Handy-Nutzer meist gar nicht mehr kennt. Der Ton kommt in HiFi-Qualität aus der Muschel. Mit seinen 1,9 Kilogramm fällt der W 48 nicht gleich vom Tisch, wenn die beiden Glocken schellen, und man kann den Hörer wutentbrannt auf die Gabel knallen, was bei modernen Geräten nicht anzuraten ist. Das Abnehmen des Hörers quittiert er mit einem satten Schnalzen, beim Wählen singt kein Chip schräge Tonleitern, sondern es rasselt der „Siemens-38-Nummern-Schalter". Sein klassisches Design hat ihm sogar den Einzug in das New Yorker Museum of Modern Art beschert.

Der W 48 sollte zu einem der erfolgreichsten Apparate aller Zeiten werden. Die Zahl 48 steht für das Entstehungsjahr. Die Industrie-Kapitäne der Wirtschaftswunderzeit telefonierten mit dem W 48, die Politiker der Ära Adenauer, und auch Chefinspektor Long alias „Blacky" Fuchsberger griff in den Edgar-Wallace-Krimis zum Bakelit-Hörer mit der umflochtenen Schnur. Bis 1962

Friedrich Reiner (1858-1918) war ein Tüftler. Unter anderem entwickelte er das Vorläufer-Modell des öffentlichen Fernsprechers.

war der W 48 als einziges Post-Modell vorgeschrieben. Dann wurde er sehr zum Leidwesen seiner Anhänger durch eine neue Modellreihe ersetzt. Als die Post merkte, wie beliebt der unverwüstliche Apparat war, brachte sie 1989 eine limitierte Neuauflage in ihre Telefonläden. Sie war im Nu vergriffen.

Eine Münchner Telefonfabrik, die Firma Friedrich Reiner, hat das Innenleben des W 48 entwickelt, Siemens lieferte das Gehäuse. Der Name Reiner ist eng mit der Geschichte des Telefons in Deutschland verbunden. Groß-kunden schätzten die akustische Qualität der Apparate aus Bayern. 1861 hatte Johann Philipp Reis in Frankfurt den ersten Fernsprecher vorgeführt. 1872 meldete der schot-tische Erfinder Alexander Graham Bell sein Telephon als Patent an. Am 21. August 1882 eröffnet der junge Friedrich Reiner eine Werkstatt in der Klenzestraße. Zehn Tage später erhält er den ersten Postauftrag: die Lieferung von zweihundert „completten Telephonstationen". Reiner ist erfindungsreich. So entwickelt er einen „Münzer", den Vorläufer des öffent-lichen Fernsprechers. Erst nach Einwurf einer Münze schließt sich ein Stromkreis und macht den Apparat benutzbar. Das „Fräulein vom Amt" stellte die Verbin-dung her.

Die Firma floriert, Reiner muss in größere Räume in der Jahnstraße umziehen. 1883 wird das erste Fern-sprechamt in München mit 118 Teilnehmern eröffnet, 1885 folgt das zweite in Nürnberg-Fürth. Während die anderen deutschen „Fernsprecher" funktional und einfach gebaut sind, fallen die bayerischen Wandapparate durch liebevolle Schnitzereien am Holzgehäuse auf. Eine Ausnahme bildet der Wandapparat aus Nussbaumholz, den Reiner für König Ludwig Ludwig II. fertigt. Der von moderner Technik faszinierte Monarch legte Wert auf eine schnörkellose äußere Form. Der Apparat wurde später auf dem Dachboden von Schloss Neuschwanstein gefunden und ist heute im Nürnberger Museum für Kommunikation zu besichtigen. In den Stunden vor seiner Festnahme nutzte der Apparat dem König aber nichts, denn die Nachrichtenübermitt-lung lief über den Telegrafisten in Hohenschwangau. Dieser durfte auf Befehl des neuen Prinzregenten Luitpold keine Nachrichten „von und über seine Excellenz" weitergeben. Ludwig und seine Vertrauten waren damit isoliert und konnten keine Hilferufe mehr absetzen.

Die Firma Reiner macht wieder von sich reden, als sie im Jahr 1924 an dem Projekt beteiligt ist, aus der bayerischen Staats-oper Verdis „Aida" per Fernsprecher zu übertragen. Sie entwickelt zwar Spezialmikrofone und Spezialkopfhörer, doch die Zukunft liegt auf anderem Gebiet. Vom wirt-schaftlichen Aufschwung des Reiches profitieren auch die Münchner Telefonbauer. Sie fabrizieren Fernsprecher für das Heer, Apparate für Eisenbahngesellschaften bis hinunter in den Kaukasus, und sie liefern Messgeräte für die Heeresversuchsanstalt in Peenemünde, mit denen die Flugbahnen der V2-Rakete berechnet werden.

Nach dem Zusammenbruch baut der damalige Inhaber Walter Gademann das Unternehmen wieder auf. Maschinen und Werkzeuge hatte er in Sicherheit gebracht, so dass die Produktion schnell anläuft. Wieder sind es Post und Bahn, die sich an die Qualitäten des altmünchnerischen Meisterbetriebs erinnern, schreibt Karl Ude 1981 in der Festschrift zum 100-jährigen Bestehen. Ihre Aufträge führen die Firma zu neuer Blüte. Gerade rechtzeitig vor der Liberalisierung des Telefonmarktes Anfang der neunziger Jahre, die der Konkurrenz aus Fernost den Weg frei macht und im Apparatebau zu einem Preisverfall führt, verkauft Gademann 1988 die Firma Reiner. Zwei Jahre später gehen die neuen Eigentümer pleite. Dem bayerischen Wirtschaftsarchiv gelingt es, die alten Firmenunterlagen und damit ein Stück Telefongeschichte zu retten.

Doch die Telefonfabrik Friedrich Reiner lebt weiter. Aus der Konkursmasse erwirbt der Ungar Janos Steier den Firmennamen und Teile des Maschinenparks. Firmensitz wird Landau an der Isar. In Budapest produzieren 30 Mitarbeiter mit den originalen Pressen und Werkzeugen den W 48 und andere Nostalgieapparate. Hauptabnehmer ist das Edel-Versandhaus Manufactum. Dort ist der W 48 in schwarz oder elfenbein für stolze 199 Euro zu haben. Seit September 2002 hat Manufactum vom W 48 und dem moderneren Tastentelefon Piezo jeweils 700 Stück verkauft, sagt Firmensprecher Andrea Arcais. „Das ist keine Mini-Nische, das ist ein ernst zu nehmender Posten." Einerseits legten die Kunden Wert auf ästhetische Kategorien, andererseits wollten sie sich vor Elektrosmog schützen. Der Hörer des Reinerschen Tastenapparats ist mit einem Akustik-Wandler aus Keramik ausgerüstet. Er kommt, gerade in Kopfnähe, ohne die starken elektromagnetischen Felder der gängigen Telefone aus: Ein Vorzug der Technik aus Friedrich Reiners Zeiten. *Fotos: Reiner (2), Manufactum*

Streng funktional war das Äußere des hölzernen Wandtelefons, das Friedrich Reiner für König Ludwig II. baute und das heute im Nürnberger Museum für Kommunikation zu sehen ist.

Ebenfalls erschienen im SüdOst Verlag

Robert Roßmann (Hrsg.)

Mythos Bayern

Format 21 x 21 cm, komplett 4-farbig,
Hardcover, 92 Seiten
ISBN 3-89682-078-8

Preis € 12,90

Es ist schon ein besonderes Gefühl, in einem Land zu leben, das zu einem Mythos geworden ist.

Mythos heißt nämlich, dass niemand genau sagen kann, wie sich die Gerüchte mit der Realität vertragen. Gesichert ist immerhin: Bayern ist so schön, wie seine berühmteste Weißbier-Reklame. Und die ortsansässigen Menschen sind rauflustig, reaktionär und sinnenfroh. Aber was ist Dichtung, was ist Wahrheit?

Führende Autoren der Süddeutschen Zeitung wie Herbert Riehl-Heyse, Hermann Unterstöger und Evelyn Roll haben sich deshalb aufgemacht, den Mythos zu ergründen. Dabei streiften sie alles, was den Freistaat ausmacht: Die Rolle von Kirche, Volksmusik, Tracht, Alkohol, Dialekt und Bauerntheater. Aber auch das Bayern-Bild in Kino und Fernsehen und natürlich das ewige Thema: Bayern und Preußen.